新闻与传播
论丛（一）

XINWEN YU CHUANBO
LUNCONG（YI）

主编◎朱至刚

四川大学出版社
SICHUAN UNIVERSITY PRESS

图书在版编目（CIP）数据

新闻与传播论丛．一 / 朱至刚主编．— 成都：四川大学出版社，2022.6
ISBN 978-7-5690-5050-9

Ⅰ.①新… Ⅱ.①朱… Ⅲ.①新闻学—传播学—文集 Ⅳ.① G210-53

中国版本图书馆 CIP 数据核字（2021）第 202891 号

| 书　　名：新闻与传播论丛（一）
| 　　　　　Xinwen Yu Chuanbo Luncong (Yi)
| 主　　编：朱至刚

选题策划：吴近宇
责任编辑：吴近宇
责任校对：宋　颖
装帧设计：墨创文化
责任印制：王　炜

出版发行：四川大学出版社有限责任公司
　　　　　地址：成都市一环路南一段 24 号（610065）
　　　　　电话：（028）85408311（发行部）、85400276（总编室）
　　　　　电子邮箱：scupress@vip.163.com
　　　　　网址：https://press.scu.edu.cn
印前制作：四川胜翔数码印务设计有限公司
印刷装订：郫县犀浦印刷厂

成品尺寸：170mm×240mm
印　　张：9.5
插　　页：1
字　　数：216 千字

版　　次：2022 年 6 月 第 1 版
印　　次：2022 年 6 月 第 1 次印刷
定　　价：45.00 元

本社图书如有印装质量问题，请联系发行部调换

版权所有　◆　侵权必究

四川大学出版社
微信公众号

卷首语

　　这本集刊使用"新闻与传播论丛"这个名字，有两重原因：首先，在三十多年前，以邱沛篁教授为代表，四川大学新闻传播学科的创业前辈就曾依托《四川大学学报》推出过6期专题，名为"新闻学论丛"；沿用"新闻"，增加"传播"，体现的正是我辈对传承的珍视，确切地说，是试图以增益作为珍视的方式。其次，"丛"者，众也。众，当然可以理解为"多"。我们希望能在以下几个方面做到这一点。其一，在研究话题上的开放。本刊期待能以将"社会""世界"视为整体的立场。其二，我们认为"新闻""传播"，以及"媒介"既是管窥这些宏大架构的视角，又不至于造成视线上的局促。借用丹尼尔·贝尔的话说，我们将以这些关键词为考察的"中轴"，而非不假思索的"中心"。基于这样的宗旨，我们必须在方法和作者这两个方面，尽可能做到多维和多元。

　　第一辑集刊本身就是对此宗旨的尝试。本辑由7篇文章组成。从题材上看，既有研究性的论文，也有对重要资料的整理性文章，还有对亲历者的访谈。作者方面，既有人书俱老的前辈名家，又有初露头角的后起菁英。

　　芙蓉城下，濯锦江畔，我们期待能以集刊为平台，与各位师友神接心通。

朱至刚

目 录

一、马克思主义新闻学专栏

马克思主编《新莱茵报》第 5 号中文版……………………………（003）
研究《新莱茵报》的意义及第 5 号报纸中文版说明…………………（051）

二、新闻传播史论

西康省康属新闻事业的兴起、演进、个性特征与历史地位……………（057）
从神的媒介到人的媒介
　　——黑格尔的媒介观………………………………………………（092）

三、传播社会学研究

谣言研究的知识演进考察：概念辨析、学科范式与趋势展望…………（105）

四、学人访谈

邱沛篁教授访谈………………………………………………………（137）

一、马克思主义新闻学专栏

马克思主编《新莱茵报》第 5 号中文版

马克思主编《新莱茵报》第 5 号版面示意图

	新莱茵报		
第 5 号	科隆，6 月 5 日 星期一		1848.
	《新莱茵报》发行部启事（马克思）		
编辑部委员会			
概览			
德国 ＊科隆，6 月 4 日 质问（恩格斯）			
荷兰行 作者 格奥尔格·维尔特 I.	II.		III.

003

第二版

德国 （接第一版）		
		石勒苏益格－荷尔斯泰因。 战争的喜剧 （恩格斯）

第三版

德国 (接第二版)		
		法兰西共和国
匈牙利		
比利时		
		瑞士
意大利		

第四版

大不列颠		（读者来信）
	贸易及交易所信息	
	读者来信	致德国大学生的呼吁
		更正
科隆市民状况《值得关注的大预言》出生	邮轮 科隆 6 月 4 日	五十人委员会全体大会
		《新莱茵报》股东大会通知
死亡	水位	《新莱茵报》广告提交时限
结婚	司法拍卖	樱桃蛋糕	房屋出租
	大桑考尔 32 号		每日新鲜
	寻人	冰淇淋	风景画销售
	交通运输情况	寻狗启事房屋出租	印刷所署名

马克思主编《新莱茵报》第5号内容的版面呈现

新莱茵报

民主派机关报

| 第5号 | 科隆，星期一，6月5日 | 1848. |

[第一版头条通栏]

《新莱茵报》将于6月1日起**每日**发行。[1]

订阅价格：科隆地区一季度1塔勒15银格罗申。[2] 除科隆外，普鲁士其他地区2塔勒3银格罗申9分尼。普鲁士以外地区需要加收邮费。

6月份只能与下一个季度（7月，8月，9月）同时订阅。这四个月订阅的价格是：科隆地区2塔勒，科隆地区之外2塔勒25银格罗申。

可通过国内外所有的邮局和书店订阅。科隆地区订户可在报纸发行部威廉·**克劳特**[3]先生处订阅，地址：科隆 **圣阿加莎街12号**

可在报纸发行部继续认购股票，外埠认购股票者也请与该处联系。

登载广告费用

四栏版面8磅[4]铅字每行或相同篇幅……1银格罗申6分尼。

《新莱茵报》发行部

---

[1] 根据《马克思恩格斯全集》历史考证第二版（MEGA²）第Ⅰ部分第7卷，此篇广告作者为马克思。该广告在1—15号报纸置于通栏头版头条（9—15号不再分段）。

[2] 塔勒（Thlr.）、银格罗申（Sgr.）、分尼（Pf.）为19世纪普鲁士王国币制，1塔勒等于30银格罗申，1银格罗申等于12分尼。

[3] 克劳特，威廉（Clouth, Wilhelm 1807—1871），科隆一家印刷厂老板，《新莱茵报》1848年6月1日至8月27日在该厂印刷。

[4] 磅是印刷行业专有名词，8磅=1/9英寸，大小约等于我国6号字体。

[第一版上部一栏]

编辑委员会

卡尔·马克思，}总编辑

亨利希·毕尔格尔斯[5]，
恩斯特·德朗克[6]，
弗里德里希·恩格斯，
格奥尔格·维尔特[7]，
斐迪南·沃尔弗[8]，
威廉·沃尔弗[9]，}编缉

概览

德国。科隆（质问）；诺伊斯[10]（民主党）；亚琛[11]（弗伦肯[12]先生的政府咨询报告）；柏林（胆小鬼作为击鼓手——关于5月31日暴乱的更多细节——强制公债——公民——协议辩论），布勒斯劳[13]（波森[14]的普日卢斯基[15]大主教与柏

---

5 毕尔格尔斯，亨利希（Bürgers, Heinrich 1820—1878）——共产主义者同盟科隆支部成员，后为同盟中央委员会委员，因科隆共产党人案件被判刑6年，1842年为《莱茵报》撰稿人，1848—1849年为《新莱茵报》编辑。

6 德朗克，恩斯特（Dronke, Ernst 1822—1891）——德国记者和政论家，共产主义者同盟盟员，《新莱茵报》编辑。

7 维尔特，格奥尔格（Weerth, Georg 1822—1856）——德国诗人，共产主义者同盟盟员，《新莱茵报》编辑。

8 沃尔弗，斐迪南（Wolff, Ferdinand 1812—1895）——德国记者和政论家，布鲁塞尔共产主义通讯委员会成员，共产主义者同盟盟员，《新莱茵报》编辑，绰号"红色沃尔夫"。

9 沃尔弗，威廉（Wolff, Wilhelm 1809—1864）——德国记者和政论家、教师，布鲁塞尔共产主义通讯委员会成员，共产主义者同盟创始人之一，法兰克福国民议会议员，共产主义者同盟中央委员会委员，《新莱茵报》编辑，绰号"鲁普斯"（Lupus）。

10 诺伊斯（Neuss），德国北莱茵－威斯特法伦州的一个城市，已经与杜塞尔多夫连成一片，在该市中心南面。

11 亚琛（Aachen），在德国莱茵河地区的西端，为德国最古老的城市之一，查理大帝在这里建都，也葬于该地。1988年在亚琛大教堂发现的千年遗骨，被确认是查理大帝。

12 弗伦肯，舒拉特（Frenken, Schulrath）——1848年为普鲁士国民议会议员，属于右翼。

13 布勒斯劳（Breslau），波兰语 Wrocław（弗罗茨瓦夫），第二次世界大战以前是德国重要的工商业与文化名城之一，第二次世界大战后属于波兰，原德国居民几乎全部西迁，但保留下战后重建的大量普鲁士、奥地利乃至波希米亚风格的建筑。

14 波森（Posen），波兰语 Poznan（波兹南），波兰中西部城市，大波兰省省会，19世纪为普鲁士控制的城市，临瓦尔塔河，居于波兰平原中心，1918年波兹南起义后波兰获得独立，现在是波兰工业、交通、文教和科研中心城市之一。

15 普日卢斯基（Przyłuski, Michał Leon 1789—1865）——1845—1865年为格内森和波森（波兹南）大主教，活跃于19世纪后期的波兰独立运动，报纸此处和后面两处误写成"Pzryluski"。

林内阁的信件往来），波森（禁令），法兰克福（因中央区暴力而设立的立宪委员会），马尔堡[16]（民主协会），维也纳（上次革命——在克恩滕[17]废除了一些封建负担——废除体罚等），布拉格（工人运动——奴仆大会），伦茨堡[18]（普鲁士人撤退），阿尔托纳[19]（丹麦人被击败——弗兰格尔[20]再次前进），石勒苏益格－荷尔斯泰因州[21]（战争的喜剧），汉堡（海军大会）。

匈牙利。佩斯[22]（国民议会定于7月2日召开——贷款）。

比利时。布鲁塞尔（拉舍尔[23]和罗日埃[24]——卡斯蒂欧[25]给图尔奈[26]选民的信件）。

意大利。那不勒斯（5月15日之后的状况——国王的公告——新选举），威尼斯（警察措施的规则），米兰（佩斯基耶拉[27]被占领），伯尔尼（瑞士上校关于5月15日的报告）。

法国。（参加新选举候选人名单——比埃尔－艾米尔·托马斯[28]——宪法草

16　马尔堡（Marburg），今德国中西部城市，位于黑森州的中部。

17　即克恩滕州（Kärnthen），又译克恩顿州，德语又作 Kärnten，是奥地利最南面的一个州。

18　伦茨堡（Rendsburg），德国石勒苏益格－荷尔斯泰因州中部的一个镇。

19　阿尔托纳（Altona），德国汉堡市西北部的区名，1866年归属普鲁士。

20　弗兰格尔，弗里德里希·亨利希·恩斯特（Wrangel, Friedrich Heinrich Ernst 1784—1877）——伯爵，普鲁士将军，1848年11月指挥军队驱散普鲁士国民议会；丹麦战争时期（1864）任普奥联军总司令。

21　石勒苏益格－荷尔斯泰因（Schleswig-Holstein），德国最北部的一个州，1848—1851年发生第一次石勒苏益格战争，丹麦获胜，1864年发生第二次战争，普鲁士和奥地利获胜，该地区除北部很少部分归丹麦外，被纳入德国版图。

22　佩斯（Pesth），现经常写为"Pest"，匈牙利首都布达佩斯多瑙河东部地区，占该市面积的三分之二。

23　拉舍尔，伊丽莎（Rachel, Elisa 1821—1858）——法国悲剧演员，她使法国古典主义传统再现于舞台。

24　罗日埃，沙尔－拉图尔（Rogier, Charles-Latour 1800—1885）——1830年比利时革命的领导者之一，温和自由党人，比利时首相（1832—1834、1847—1852、1857—1868），1832—1834年兼任内务大臣时，建立了比利时的铁路体系。

25　卡斯蒂欧，阿德尔松（Castiau, Adelson 1804—1879）——比利时律师和政治活动家，民主主义者，1843—1848年为众议院议员。

26　图尔奈（Tournay），又名"Tournai"，比利时最古老的城市之一，位于埃诺省斯海尔德河畔，距离布鲁塞尔85公里，居民主要讲法语。

27　佩斯基耶拉（Peschiera），意大利伦巴第大区米兰省的一个镇，位于米兰市东南约12公里。

28　托马斯，比埃尔－艾米尔（Thomas, Pierre-Émile 1822—1880）——法国土木工程师和化学家，法国国家工场首任主任（1848年3月6日—5月26日）。

案——《劳动者日报》[29] 刊文论及白色共和党人)。

瑞士。伯尔尼(议会章程——乌里[30]的施米德［Schmid］)。

大不列颠。伦敦(《泰晤士报》报道宪章派人物——伦敦示威游行——《泰晤士报》再次报道宪章派议会的具体议程)。

贸易和股票交易新闻。

德国

＊**科隆**，6月4日[31]。康普豪森[32]首相不仅驳回了波森方面对**维利森将军**[33]的叛变起诉，而且在给维利森将军的一封信中还承认了他的功劳。那么，如何解释还未对科隆布[34]将军、施泰因埃克尔[35]将军和波森其他官员的调查，没有一项是被强加的，难道他们不是在公开反对皇家军队要员吗？[36]

＊＊**诺伊斯**，6月3日。在我们的城市，一个民主俱乐部正在组建中，这一俱乐部不会放弃与科隆其他民主协会建立联系。《诺伊斯区报》[37]

［转二栏］

[第一版上部二栏]

[接一栏]

将作为该组织的宣传机构而在周边地区发挥作用。与此同时，民主党的这些活

---

29 《劳动者日报》(Le Journal des Travailleurs)，全称为《人民代表：劳动者日报》(Le Représentant du Peuple. Journal quotidien des travailleurs)，法国的一家报纸，蒲鲁东派的机关报，1848年4月至8月在巴黎出版，主编是比约·蒲鲁东。

30 乌里(Uri)，瑞士中部的一个州。

31 根据《马克思恩格斯全集》历史考证第二版(MEGA²)第1部分第7卷，此篇消息的作者为恩格斯。

32 康普豪森，卢道夫(Camphausen, Ludolph 1803—1890)——德国银行家，普鲁士莱茵省自由资产阶级的领袖之一，1848年3月29日—6月20日任普鲁士首相。

33 维利森，卡尔·威廉·冯(Willisen, Karl Wilhelm Freiherr von 1790—1879)——男爵，普鲁士将军和军事理论家，1848年3—5月在波森(波兹南)任皇家特派员；1850年在与丹麦的战争中任石勒苏益格－荷尔斯泰因州军队总司令。

34 科隆布，弗里德里希·奥古斯特·冯(Colomb, Friedrich August von 1775—1854)——普鲁士将军，抵抗拿破仑战争的参加者，1843—1848年任波森(波兹南)的普鲁士军队司令。

35 施泰因埃克尔，克利斯提安·弗里德里希(Steinacker, Christian Friedrich 1781—1851)——男爵，普鲁士将军，1848年任波森(波兹南)的要塞司令。

36 根据《新莱茵报》第6号的更正，德文原版中此处的"Wir"改为"Wie"。此句是根据更正重译的。

37 《诺伊斯区报》(Neußer Kreisblatt)，德国小城市诺伊斯出版的报纸。1826年由出版商伦纳德·施万(Schwann, Leonard)创办，1835年曾被迫与其他出版商共用报名，1848年重新获得该报专有权。

动似乎向我们承诺，他们将在下次选举中取得较上次选举更加可喜的结果。

＊**亚琛**，6月3日。来自**亚琛**的海因斯贝格[38]政府议会议员舒拉特·**弗伦肯**先生，在5月31日的议院会议上宣布"已达成协议"，"不可能完全肯定军队在亚琛的光荣行为，即人们应当用**令人钦佩的克制力**来看待军队值得尊敬的行为"。

这位政府议员舒拉特，这个"达成协议"议会最大的反动派之一，最近在一次私人聚会中解释道，"在柏林长久的动乱中，是时候让公民撤退啦，应派军队进城，并枪杀柏林人"。

政府议员舒拉特是否能代表亚琛公民？对此问题的回答涉及亚琛市的自身利益。

我们发现，这位政府议员舒拉特总体而言也和普鲁士王国其他官员一样，在这次所谓的不道德行为中有办法独善其身，并会在普鲁士王国士兵和莱茵地区国民的冲突中以公正的面孔亮相。

＊**柏林**，6月2日。谁第一次参加普鲁士国民议会[39]，都一定对该议会的各种行为方式感到惊讶。本来根据其外在威望，人们应当相信，大会是绝对民主的；但反观辩论的过程，情况完全相反，只能说毫无民主。决定性的政党问题还没有被讨论，事实上还没有进行任何实际的讨论，因为在谈判中，正如他们迄今一直喜好的那样，更多的是用未明确的语气，恰似用脚敲鼓却打不到鼓点上、狂叫和类似的方式谈判，毫无理智的言语和充分的理由。迄今为止，大会已表现出对任何有秩序的审议和彻底讨论的强烈厌恶；几乎在还没有正式提出一项请求前就迎来一阵狂野的呼喊："停止！投票！"懦弱者已吓得不敢上台演讲，有勇气的人好不容易获得了上台演讲的权利，也会即刻又被用脚踩踏地面发出噪音的狂叫者轰下台。谁是这些不断干扰的始作俑者呢？就是那些会场中的捣乱分子，是保守右派，是政府部门的参会者，其中莱茵地区的法官们占绝大部分。你们知道胆小鬼作为击鼓手的形象。前天，当内阁政府提出是否应该讨论一份请愿书，一个内阁信任案时，左派应感谢财政大臣先生的恩典，因

38　海因斯贝格（Heinsberg），德国北莱茵－威斯特法伦州的小城，位于亚琛以北35公里，是德国最西的县城。

39　普鲁士国民议会（Preußische Nationalversammlung），1848年3月革命后在普鲁士举行的第一次大选中产生的议会，其任务是制定宪法。议会于5月22日开幕，12月5日被国王弗里德里希·威廉四世下令解散，起草的民主宪法遭到拒绝。但1848年12月国王颁布的宪法和1850年修订的宪法采纳了其中的许多基本条款。

为正是他自己要求议会允许两名左翼成员发言[40]。这个通过利用已提出的内阁信任案达到肯定的机遇而获得的胜利，还完全不能证明他继续执政的安全性。因为大会中的一大群人，即左翼中间派，投票支持起草一份请愿书，以便有机会彻底推翻内阁。当然，如果先生们前天立即应战内阁抛出的请愿书，并告诉内阁他们拒绝有关改动请愿书的议案，那么他们也许就能更容易、更快、更富有成效地达到目的。提交的宪法草案

[转三栏]

[第一版上部三栏]

[接二栏]

在两院普遍遭到否决；即使是最坚定的两院议员们也不敢说赞成第一份草案。由此可见，草案的流产当然就是预料之中的事了。

柏林，6月1日。对于昨天这样相当不安静的一天有必要进行以下补充说明。也许有人在城堡上已经注意到一根信号杆，这是为回应莫阿比特[41]监狱第一根信号杆竖立的第二根信号杆。应市民的要求，这根信号杆从城堡中移走；然而，引人注目的事情又发生了，施普雷河[42]上的所有桥梁都被木板钉住，几乎无法拔出，以此来阻止部队的任何入侵。目前木板已被拆除。传闻这是将要受到一次沉重打击的应急反应，因此所有俱乐部、民众集会和协会又聚集在一起。民主俱乐部、帐篷集会[43]、工匠协会和在蒙比约广场[44]聚集的铁匠们（3000人）决定立即武装人民；今天中午，他们向区长通报要得到武器，如果此要求被拒，将于今天下午在宿营地举行大规模的民众集会商讨后续事宜。目

40　这里第5号原文为"der selbst die Versammlung ersuchte, auch zwei Mitglieder der Linken das Wort zukommen zu lassen"，第6号更正为"der selbst die Versammlung darum ersuchte, daß auch zwei Mitglieder der Linken zu Worte lassen"。此句是根据更正重译的。第6号的更正写的是第5号第一版第2栏第11—12行，应该是第5号第一版第2栏倒数第11—12行。

41　莫阿比特（Moabit），柏林的一个内城区，其边界由三条水道界定：施普雷河（Spree）、西哈芬运河（Westhafen Canal）和柏林－施潘道航道（Berlin-Spandau Navigation Canal）。

42　施普雷河（Spree），德国东北部河流，易北河（Elbe River）支流，流经柏林。

43　帐篷集会（Zeltenversammlung），1848年柏林三月革命前后，群众经常在市中心的读书咖啡馆和市外自发组织的一类群众集会。

44　蒙比约广场（Monbijouplatz），位于柏林东部米特区，与蒙比约公园（Monbijoupark）相邻。有时也翻译为蒙比悠或蒙比尤。

前，由施拉姆[45]先生、佐尔格[46]先生、赫克萨默[47]、威斯特［Wyst］和科恩[48]先生组成的委员会于晚上驻扎在大学后面的栗子森林里，以便登记已报名但还未领到武器的人的姓名。因为被收买的个别人四处游说挑起不和，一场宣布共和国的斗争将在夜间发生的谣言已传开，为了逮捕这些安定局面的破坏者，学生、市民和工匠通宵巡逻。然而，当夜相当安静。——今天已正式告知铁匠们，他们将在明天或以后几天分到 15000 支武器。进一步的信息尚不知道；武器库中的枪支已被市民自卫队[49]大量占用，虽然天气非常不好，但武器库附近仍有许多团体等待领取枪支。(《德意志报》[50])

——据可靠信息透露，即将在这里按 $3\frac{1}{4}\%$ 发行一种强制公债。(《莱茵－摩塞尔日报》[51])

* 柏林，6 月 2 日。民主党在这里的权力和影响力每天都在增加。许多危机使我们近一半小心翼翼的公民接近民主党，并准备形成两者新的兄弟关系。柏林市民有时候为革命进行了艰苦的斗争，并为此感到自豪，但他们不得不就康普豪森先生 5 月 30 日对革命进行谴责的方式，对通过宪法草案和秘密清空武器库感到痛心。康普豪森先生如果每天早上阅读了在《福斯报》[52] 或

45　施拉姆，鲁道夫（Schramm, Rudolf 1813—1882）——德国政论家，民主主义者，1848 年任普鲁士国民议会议员，属于左派，革命后流亡英国；《新莱茵报评论》发行人康拉德·施拉姆的哥哥。

46　佐尔格，赖因霍尔德（Solger, Reinhold 1817—1866）——1849 年巴登－普尔法茨起义的参加者，失败后流亡瑞士，后在美国定居。

47　赫克萨默，威廉（Hexamer, Wilhelm 1824—1859）——德裔美国工程师。1849 年巴登－普尔法茨起义的参加者，失败后流亡瑞士，后在美国定居。

48　科恩（Korn）——柏林工人，1848 年为柏林人民党（Berliner Volksverein）负责人，1848 年 6 月参加了柏林街垒战（Berliner Zeughaussturm），被判刑两年。

49　市民自卫队（Die Bürgerwehr），1848 年柏林三月革命后在科隆、柏林和其他许多德国城市建立的准军事组织，由城市里不同阶层的人组成，参加者大多没有军事素养。《新莱茵报》编辑恩格斯、德朗克和维尔特参加了科隆市民自卫队，为的是对这个组织施加革命影响。

50　《德意志报》（*Deutsche Zeitung*，缩写 D. Z.），德国自由派的日报，主张在普鲁士统一德国的君主立宪派机关报；1847—1848 年在海德堡出版，1848—1850 年在美因河畔法兰克福出版。格奥尔格·盖尔温努斯（Georg Gervinus, 1805—1871）在海德堡担任编辑，因此又称"盖尔温努斯报"（Gervinus-Zeitung）。

51　《莱茵－摩塞尔日报》（*Rhein- und Mosel-Zeitung*，缩写 Rh.-u. M.-Z.），天主教日报，1831—1850 年在科布伦茨出版。

52　《福斯报》（*Vossische Zeitung*），又名《柏林政治和学术问题王国特权报》（*Königlich privilegierte Berlinische Zeitung von Staats- und Gelehrten Sachen*）。德国的一家日报，1785 年起在柏林出版；该报所有人是福斯，所以有《福斯报》之称。

《施本纳报》[53]上来自梅基施[54]、波美拉尼亚[55]、西普鲁士[56]、劳西茨[57]和萨克森[58]等城镇和村庄的战事报道，他肯定会愤怒。同样，他会对3月18日革命的街垒战士[59]，其中也不乏柏林人，对德国北部的公民、农民、官员和容克地主[60]们的过激行为而震惊。如果他看到，各种党派是如何使后备军狂热化，以便利用它作为推翻其他敌对党派炮灰时，他一定会感到极度受伤。当他听到被他鄙视的维也纳人，

[转第二版第一栏]

[第一版下部一栏]

荷兰行

格奥尔格·维尔特

I.

彩旗飘飘——
这里就是鹿特丹！
小巷和广场散发着
神奇的奶酪味。
　　在桥边
　　在清晨和傍晚

---

53 《施本纳报》（*Spenersche Zeitung*），又名《柏林政治和学术问题新闻》（*Berlinische Nachrichten von Staats- und gelehrten Sachen*），德国君主立宪派的报纸，1740年至1874年在柏林出版，19世纪40年代该报曾为半官方的政府机关报；通常按该报出版者的名字称为《施本纳报》。

54 指梅基施－奥得兰县（Märkische-Oderland），德国勃兰登堡州东部的一个县，首府塞洛（Seelow）。

55 波美拉尼亚（Pommersche），又称波莫瑞。濒临波罗的海，原为波兰领土，1815年成为普鲁士的波美拉尼亚省，第二次世界大战后，大部分回归波兰。

56 西普鲁士（Westpreußen），1773—1824年普鲁士的一个省。1824年西普鲁士和东普鲁士合并为普鲁士省。

57 劳西茨（Lausitz），中欧历史地区名称，其地域横跨德国、波兰及捷克三国的疆界，是索布人（Sorben）的聚集地。

58 萨克森（Sachsen），德国历史上的一个邦国——萨克森王国（1806—1918），首都德累斯顿，最大城市莱比锡，位于德国中南部，南邻捷克。

59 指1848年3月18日柏林起义的参加者。3月19日清晨，普鲁士国王弗里德里希－威廉四世发表《致我亲爱的柏林人》，宣布军队撤出柏林，三月革命取得取利。

60 容克地主（Krautjunker），指19世纪德国东部地区（主要为普鲁士王国控制）的贵族地主，他们长期垄断军政要职，是军国主义政策的主要支持者。

老伊拉斯谟斯[61]身着厚重的衣衫站立着。

他仍然站在时代前沿；

他仍然一如既往地屹立着；

他翻阅着手中的大开本古籍

直到书的末页——

谁知道，何时才能使他心满意足：

是整个奶酪世界的逐渐消亡吧。

[转二栏]

[第一版下部二栏]

[接一栏]

如果是这样，你将会屈服于美味的菜肴，

哦 荷兰的这里——

用黄油、奶酪及烟草

使世界历史充满芳香。

II.

阿姆斯特丹是这样一座城市

它建造在低洼的土地和坚硬的桥桩之上，

有道路、运河和桥梁，

还有成千上万的生灵。

很多女人和男人，很多男人和女人

他们穿着半高统靴和海狸皮衣[62]：

这样的男人们，我很少恭维，

但女人们，使我心花怒放。

可爱的女人们！牙齿那么白

脸颊那么红，

我衷心地爱她们，我热忱地爱她们——

她们腿上穿着裤子。

如果她们去睡觉，

---

61 即伊拉斯谟斯，戴斯狄留斯（Erasmus，Desiderius 1466—1536）——荷兰神学家，被誉为荷兰人文主义的泰斗。主要作品有《新约全书》新译本、《愚人颂》《伟大的朱利安》和《自由意志论》。

62 二者是欧洲的传统鞋服。

>   她们轻柔地脱下裤子，
>   然后欢欣鼓舞地跳进松软的床上——
>   而后将裤子挂在床的靠背上。
>   一次波恩的哈教授闹个笑话，
>   他入寝时心不在焉：
>   他把裤子放在床上，
>   却把自己挂在床的靠背上啦。

———

[第一版下部三栏]

III.

>   在这些平静的水域里
>   我是多么的安详：
>   在荷兰，我感觉一切皆好，
>   我找不到什么需要改进的。
>   虔诚的教堂钟楼演奏得如此美妙
>   用钟声演绎着华尔兹和波尔卡[63]舞曲
>   用足足一刻钟赞美了敬爱的上帝。
>   在平静的内河航道上船舶奇特地穿行；
>   在船上诚实的交易者为生活而欢欣鼓舞。
>   身着裙子的男人们，身着礼服的男人们，
>   他们都微笑地享受生活；
>   他们品尝奶酪，吸着烟草
>   用胡椒、杏仁和咖啡做着美味佳肴。
>   这些都忠实地继承和发扬了日耳曼人的风俗传统，
>   因为在那里只有咖啡水
>   是从它自己的工厂获得的。
>   哦，我走过的可爱田野，
>   那里趣事不断
>   那里人杰地灵
>   那里的风车转动得多么惬意啊！
>   风车在晚霞中奇妙地舞动——

63　波尔卡（Polka），较轻快的四二拍捷克民间舞蹈，19世纪中叶流行于全欧洲及美国。

哦，快乐的家园，也许只有我
唯一的堂吉诃德能够独享此景。

[第二版第一栏]
[接第一版上部三栏]

不仅通过人民的胜利引起了柏林三月革命[64]，而且还通过众多胜利起义一次又一次地挫败了一切反动企图时，他不得不默默地脸红。柏林市民坚决反对保守主义，因为正是它强加给他们对贸易危机的恐怖；他们也强烈反对政府，并越来越多地加入民主党。

×**柏林**，6月2日。我们的制宪会议似乎只有在内阁的相关部委有机会澄清自己的前提下才有召开的必要。根据临时通过的《议事规则》，质问者在不用陈述理由的情况下可以直接地向大臣提出他的问题，在大臣回答该问题后，他必须满意而退，不允许就同一问题再进行讨论。今天有许多议案被列入日程，但大部分议案都会在官方搪塞几句空话后惨遭被拒绝的命运。大臣们一直躲在议事法则的背后，当他们应该给出一个答案时，不管这个答案是否正确或圆满，他们也算回答了。关键是这个问题要由每个人，而不是议会来决定。贝格[65]先生首先提问。他说，人们曾期待大臣们在就职后应该放心地行使权责，以便在新的情况下重新唤起公众的信赖。在莱茵河地区，人们曾希望法律能够恢复，根据这项法律，该地区因暴乱造成的损失将归咎于市政当局，并将行政权力移交给司法当局。奥尔斯瓦尔特[66]大臣答复说，正在拟订立法；然而，没有人民代表，该部感到无权颁布如此重要的法律。警察和民防部门现在必须确保维持安定。然后，议员荣格[67]问国防大臣是否采取了必要步骤解除与俄国的同盟协约，以及引渡是否仍在进行。冯·阿尼姆伯爵[68]答复说，同盟协约只涉及流浪汉和弱势群体，而不指政治犯。特雷茨多夫［Tretzdorff］议员对封锁

64　柏林三月革命（Berliner Märzrevolution），指1848年3月18日柏林人民反对普鲁士专制的起义。起义取得胜利，3月29日成立自由派的康普豪森－汉泽曼内阁。

65　贝格（Berg）——瑞士军官，1848年为国民院议员。

66　奥尔斯瓦尔特，鲁道夫（Auerswald, Rudolf 1795—1866）——普鲁士首相和外交大臣（1848年6—9月），代表资产阶级自由派贵族。

67　荣格，格奥尔格·哥特洛布（Jung, Georg·Gottlob 1814—1886）——德国政论家，民主主义者。1842年《莱茵报》的创始人和发行负责人之一，青年黑格尔派。1848年3月柏林起义的领导人之一，随后为普鲁士国民议会议员，属于左派。1849年为普鲁士第二议院议员，属于极左派。1863—1867年和1869—1876年为普鲁士众议院议员，属于民族自由党。

68　阿尼姆－布岑博格，阿道夫·海因里希·冯（Arnim- Boitzenburg, Adolf Heinrich von 1803—1868）——男爵，普鲁士内阁大臣（1842—1845）和首相（1848年3月19—29日）。

丹麦采取的措施进行提问，他说什切青[69]遭受的损失是否应由德意志联邦来补偿，以及该城市是否仍必须支付海峡税[70]。这位国防大臣回答说，联邦议院认可英国发起的谈判，他们将以必要的精力参加哥本哈根谈判。该大臣根本没有提到要支付的赔偿以及海峡税。他透露出的希望是，这场战役将很快结束，并暗示退出日德兰半岛的原因是普鲁士人在那里没有发现敌人。——在今天提交的许多修正案中，我们强调一下废除领主专有狩猎权，但对领主没有补偿的议案，即议员赖辛巴赫[71]伯爵提出废除农民负担、废除劳得民[72]，废除保护费等，作为补偿，他要减轻领主裁判权的负担。（哄堂大笑）汉泽曼[73]大臣在这里指出，在财政部的促使下，现在可以放弃收取保护费。正如我们所听到的，大臣们已经敲定了一项有关农村条件的法案，他们对于该法案从一开始就在个别动议中被分开感到非常不满。此后，罗伊特[74]先生发表了一项持续很长时间的提案：议会是否没有立即指定一个委员会来确定在波森省[75]实行的重组中，造成德国人和波兰人之间如此血腥冲突的原因。申请人希望将这个议案付诸表决，而不是及时地移交到有关部门。汉泽曼大臣说，这个问题太重要了，它包含了太多关于"议会"希望采取的立场，以至于应尽快做出决定。这是对议员罗特先生的观点的回应，即分庭在所有案件中都绝对有权任命调查委员会，即它完全拥有主权。此提案被移交到了分庭。——最后当选议员有瓦尔德克[76]、

69　什切青即斯德丁（Stettin），波兰语 Szczecin，波兰西北部较大城市，奥得河穿城而过。历史上曾经属于波兰，随后被瑞典、丹麦、普鲁士和德意志帝国先后统治。第二次世界大战后划归波兰。

70　海峡税指通过波罗的海和丹麦卡特加特间的海峡所交付的税款。

71　赖辛巴赫（Reichenbach, Eduard 1812—1869）——伯爵，西里西亚民主主义者，1848年为普鲁士国民议会议员，属于左派，1848年10月起为德国民主主义者中央委员会委员，后为进步党人。

72　劳得民（Laudemien），丧失土地耕种权的农民重新获得土地的耕种权所支付的一种手续费。

73　汉泽曼，戴维（Hansemann, David 1790—1864）——普鲁士莱茵省自由资产阶级领袖之一，1848年3—9月任普鲁士内阁财政大臣。

74　罗伊特（Reuter, 死于约1860年）——普鲁士官员，1848年是普鲁士国民议会议员，属于左派。

75　波森省（Provinz Posen），原为波森大公国（Großherzogtum Posen），是1815年由普鲁士建立的波兰殖民公国，1846年和1848年该公国发生波兰人的起义，普鲁士用波森省替代了波森大公国。

76　瓦尔德克，贝奈狄克特·弗兰茨·莱奥（Waldeck, Benedikt Franz Leo 1802—1870）——德国律师，属于激进派，1848年是普鲁士国民议会左翼领导人之一和副议长。

勒韦[77]、莱多［Lydow］、蒂尔施克［Tierschke］、鲍姆施塔克[78]、格拉博夫[79]、敦克尔[80]、冯·达尔维茨［von Dahlwitz］、瓦克斯穆特[81]、菲利浦斯[82]、埃塞尔[83]、巴尔策[84]、埃尔斯纳[85]、埃贝尔［Ebel］、察哈里埃[86]和贝伦茨［Behrends］。

布雷斯劳，6月1日。从格内森[87]和波森普日卢斯基大主教与柏林官员们的有趣通信中，我们愿与读者分享其中最重要的地方，这些地方也是描述波森形势和普鲁士当局最引人注目的地方。

大主教给施韦林[88]大臣的信

我已收到4月15日的大臣行政答复、4月17日内政大臣阁下的信件以及尊敬的总司令冯·科隆布将军16日及3日的有关法令。应他们的请求，我将"亲自出场和通过我教区的神职人员，为德国和波兰之间的博爱与和谐宣讲和劝诫"。

77　勒韦，威廉（Löwe, Wilhelm 1814—1886）——德国政治活动家，民主主义者，法兰克福国民议会副议长，属于左派，1849年"残阙"议会迁移到斯图加特后为议长，1849年革命失败后流亡美国，在纽约主编德文报纸《新时代报》，1861年大赦后回到德国。

78　鲍姆施塔克，爱德华（Baumstark, Eduard 1807—1889）——德国教授，1848年是普鲁士国民议会议员，属于右派。

79　格拉博夫，威廉（Grabow, Wilhelm 1802—1874）——普鲁士政治活动家，温和的自由主义者；曾任普楞茨劳市市长；1848年是普鲁士国民议会议长，属于右派；普鲁士众议院副议长（1850—1861）和议长（1862—1866）。

80　敦克尔，赫尔曼·卡尔·鲁道夫（Duncker, Hermann Carl Rudolf 1817—1893）——律师，普鲁士政治活动家。1846年为柏林市议会议员。1848年为普鲁士国民议会议员，属于中间派左翼。1859—1861年为普鲁士众议院议员。

81　瓦克斯穆特，弗兰茨·鲁道夫（Wachsmuth, Franz Rudolf 1810—?）——普鲁士官员，1848年是普鲁士国民议会议员，属于中间派左翼。

82　菲利浦斯，阿道夫（Philipps, Adolf 1813—1877）——普鲁士官员，1848年是普鲁士国民议会的副议长，属于中间派。

83　埃塞尔，约翰·亨利希·泰奥多尔（Esser, Johann Heinrich Theodor）——普鲁士官吏，律师，教权派，1848年是普鲁士国民议会副议长，属于中间派，亨利希·马克思（马克思父亲）的熟人。

84　巴尔策，威廉·爱德华（Baltzer, Wilhelm Eduard 1814—1887）——德国传教士，1848年是普鲁士国民议会议员，属于左派。

85　埃尔斯纳，卡尔·弗里德里希·摩里茨（Elsner, Karl Friedrich Moritz 1809—1894）——西里西亚政治活动家，激进派；1848年为普鲁士国民议会议员，属于左派；19世纪50年代是《新奥得报》编辑之一，马克思曾为该报撰稿。

86　察哈里埃（Zachariä）——斯德丁司法代表；1848年为普鲁士国民议会议员，中间派右翼。

87　格内森（Gnesen），波兰语Gniezno（格涅兹诺），波兰中部城市，在波兹南东北约50公里。

88　施韦林，马克西米利安（Schwerin-Putzar, Maximilian von 1804—1872）——伯爵，1848年为普鲁士宗教事务、教育和卫生大臣（3—6月）、法兰克福国民议会议员，属于右派，1859—1862年任普鲁士内务大臣。

我再次指出，在柏林事件之后，德国对波兰事态表示同情，并怀着对该省波兰人接受这一崇高正义运动的感激之情，这是因为波兰接受了这一崇高正义运动的合理表达。不论是从我本人还是其他人，都接受了这种崇高的正义运动。博爱与和谐的劝诫是没有必要的，因为它们本来就存在，而且似乎是不朽的，由我的神职人员在所有讲坛上宣扬，并以敬拜来庆祝。

然而，很快一个可悲的转折发生了。大批部队被调来，德国人和犹太人居民立即表现出对波兰的敌意，特别是在布龙贝格[89]政府部门，波兰人受到迫害和异化。

大臣阁下，关注所有这些细节并非我的本事，我只注意到，这些地区的神职人员由于这种迫害而不得不逃离那里。

波森市被围困，特遣队无处不在，与此同时柏林在进行民族重组谈判，这同样是增加人们激进思想而不是安抚他们的手段。

阁下自己也明白，如果要以武力的方式建立秩序，我就无法以教会的名义再宣讲什么和平的空话，因为上帝的话语不应也绝不能是通过刺刀得到支持的。

只有通过与雅罗斯瓦维奇［Jarosławiec］达成协议，其他具有影响力的人们的努力才能成功，流血冲突才能被阻止，从而温和地缓解而今迫在眉睫的紧张局势。

1848年4月17日，冯·维利森将军在公告中宣布："该省渴望的和平状态应当完全恢复。"

人民被煽动到当地的武装集会，军队和狂热分子、德国人和犹太人均出现混乱和过度行为，这些行为的动因都受到了为保住自己乌纱帽的官员的煽动。

每天都收到最悲伤的报告，城镇和村庄被洗劫一空，民族徽记和旗帜被撕毁，人民受到侮辱和殴打，教堂受到亵渎，

［转二栏］

［第二版第二栏］

［接一栏］

神职人员受到侮辱和虐待，死亡的屠杀被激起，各种流言蜚语四起。

发号施令的冯·科隆布将军自己也发现，并通过兵团命令宣布，部队中有个别害群之马。调查也表明，这种现象已呈可怕的蔓延之势。

89　原波森大公国的一个区，纳粹时期属于但泽－西普鲁士帝国大区。战后划归波兰，(Bromberg)，波兰语 Bydgoszcz（比得哥什），今波兰北部城市，库亚维滨海省首府。

如果再加上官员们忙于煽动、波兰农民反对其地主、波兰事件[90]和德国政府内斗，即所谓的德国国民议会的过度要求和喧嚣——波森大公国[91]的分裂以及一夜之间出现的各种谣言，——那么，冲突和个人反叛，甚至种种过激行为和罪恶煽动当然就不足为奇了。

然而，我似乎难以理解的是，由德国人和军队挑起的动乱，怎能用一份主教通告去劝说波兰人民保持安静。我只能用宽容去理解此事，要他们用基督教的奉献精神，继续忍受各种的责备和暴力吗？我不能对他们这样做，人民真的已忍受了很多，可谓有羔羊的耐心了。

四个星期过去了，承诺的全国重组尚未开始，对波森的敌对行动却已采取了巨大的进展！

然而，重组是最适当的安抚手段。我保证，当军队撤出和重组开始时，我将竭力维持安定。

波森，1848 年 4 月 22 日。

格内森和波森大主教
普日卢斯基

大主教的第二封信
写给奥尔斯瓦特大臣

杰出的大臣阁下，我衷心地感谢本月 17 日你在信中向我表达的善良和信任的话语。

大臣阁下，我从本月 22 日收到的文化事务大臣的报告的副本了解到这个省的可怕局势。

我将以柏林的冯·维利森将军于本月 24 日的公告为证。维利森将军给波兰当地领导人提供了证明，即他们相信了王室的承诺，镇压冒着生命危险的武装群众，这样就更能够造成双方的分崩离析。

针对此分裂，我正要向人民述说安抚的话语。

不幸的是，波森宣布处于戒严状态，并向该省派遣流动纵队，使尚未建立的和平重新被破坏，并辜负了冯·维利森将军和波兰领导人的努力。

流动纵队渗透到全国的四面八方，他们到处犯下最粗俗的暴行，他们虐待男人和女人，他们掠夺和杀害人民，他们亵渎教堂和带来死亡，他们无恶不

90　指 1848 年波兰人民掀起革命，迫使普奥当局废除农奴制度。

91　波森大公国（Großherzogtum Posen），1815 年由普鲁士建立的波兰殖民公国。1846 年和 1848 年该公国发生波兰人的起义，普鲁士用波森省替代了波森大公国。

作，必然挑起局部的反抗，滋生新的流血事件。

此外，还有规定，波森大公国应该再次分裂——这将是不幸的波兰的第八次分裂。这种不幸的命运传播着最深刻的抱怨，它粉碎了每一个信任，每一个希望，每一个对正义的信念。

如何才会是另一种情形？如果德国人在高级官员的带领下，能够公开打倒冯·维利森将军和国王的全权代表，能够在舆论中不怕把冯·维利森将军视为叛徒，情况也许会好转。但如今波森处于包围状态，禁止大街上聚集超过 4 人，情况将会进一步恶化。

也许阁下会说，这一切导致了波兰人的反抗运动。嗯，那好吧。但是，在瑞士、意大利、法国、德国、匈牙利，甚至维也纳和柏林，谁又为这些反抗运动负责？它们使当地人民身心俱毁，世界上有哪个民族的人比波兰人更大声疾呼这种不公正？

杰出的大臣阁下，你也许考虑到，在悲伤的情况下，和平的话语可能会在我的一边结出果实，我能对此用何种方式做些什么呢？用基督徒的爱吗？但是基督徒的爱正在被受到侵犯的波兰人所嘲笑。用有一个更好未来的希望吗？但是，这种希望正在将波兰人撕裂。还是我应该对人民说，让自己耐心地等待践踏吗？我不能那样做。我相信上帝的公义。我要是那样说话，只会是火上浇油。

波森，1848 年 4 月 22 日。

格内森和波森大主教
普日卢斯基

波森。冯·施泰内克[92]先生（堡垒指挥官）在当地报纸上宣布，戒严时期，禁止出现除普鲁士和德国旗帜以外其他色彩的旗帜，当然波兰旗帜也是被禁止的。同时，它明确禁止在未来几天内悬挂波兰国旗和丝带的游行——还禁止人们与温尼里堡[93]的囚犯发生一切联系。（《柏林阅报室》[94]）

法兰克福，6 月 3 日。制宪国民议会今天决定成立一个由 15 名成员组成的委员会，审查和评估有关组建临时中央权力委员会的议案。这个委员会的选

---

92 施泰内克，弗里德里希·冯（Steinaecker, Friedrich von 1781—1851）——普鲁士将军。1840 年 3 月 30 日，他被任命为普鲁士第 5 军团第 10 师师长、波森（波兹南）地区指挥官。

93 温尼里堡（Fort Winiary），波森要塞（Festung Posen）的一部分，19 世纪在普鲁士统治下建造。

94 《柏林阅报室》（*Berliner Zeitungs-Halle*，缩写：*Zeit.-Halle*.或 *Z.-H.*），德国日报。1846 年起由哈·尤利乌斯在柏林出版；1848—1849 年间，是民主派报纸之一。

举应在制宪小组公开大会之后,立即由议员们进行。

⊙**马尔堡**,6月2日。我们的民主事业正在迅速前进。我们在这里有一个民主协会,由拜尔霍弗[95]先生和卢道夫[Ludolph]先生领导,最近,该组织非常坚决地抗议法兰克福议会关于美因茨事件的决定[96]。民主工人协会也成立并取得了良好进展。当然,也不乏怀疑之词。还有一件事,即最近不少马尔堡人,他们在基希海姆[97]公开发言,说受到反动党暴力的威胁和逼迫,被迫离开该镇。这些反革命者散布最令人厌恶的谣言。例如,为了保护国民议会而应在这里形成的一个大讲坛,以及诸如此类的愚蠢行为。在这里,人们当然嘲笑这种胆小的空谈家。

维也纳,5月31日。《维也纳日报》[98] 5月25日登载了皇帝发布的法令,根据该法令,在库尔森[Kurnthen]的封建负担被取消,补偿金将由国会以后决定。这些被解除的封建负担涉及下列方面的利好消息:羊群、谷物、治疗、鸦片酊、荣誉、购买津贴、彩票发售处、地区法院、警长、狗、行政官员、海关、燕麦,等等。同时还颁布了一些法令,如废除体罚作为一种独立的纪律处分、不得羞辱他人、不得告密、房屋搜查只是法院的专属权限,以及对一般案件的犯罪嫌疑人可以取保候审。

《阅报室》在一封信中说:5月26日的伟大成就[99]是民主体制,特别是人民主权的决定性胜利。

[转三栏]

[第二版第三栏]

[接二栏]

市民、工人、学生团结一致赢得了这场胜利。通过绑架皇帝,反动党企图敦促维也纳宣布建立共和国,从而达到无政府状态并造成各省决裂。但维也纳人民并没有陷入圈套,他们把君主制放在自己手中,迫使君主制完全取决于人民的意愿。该政府由国民警卫队和学生组成的委员会提供半监测和半支持;两

---

[95] 拜尔霍弗,卡尔·泰奥多尔(Bayrhoffer,Karl Theodor 1812—1888)——德国黑格尔派哲学家;1847年创立马尔堡自由宗教团体(Marburger Freireligiöse Gemeinde);1848年6月当选法兰克福第一届民主代表大会中央委员会副主席。

[96] 1848年5月23日,普鲁士军队解除了美因茨市民自卫队的武装。5月26日法兰克福国民议会做出决议要求普鲁士军队必须保护被解除了武装的美因茨市民,并选出一个委员会进行调查。

[97] 基希海姆(Kirchheim),德国黑森州东北部的一个小城。

[98] 《维也纳日报》(Wiener Zeitung),全称《奥地利帝国维也纳日报》(Oesterreichisch Kaiserliche Wiener Zeitung),奥地利政府的官方报纸,1780—1931年出版。

[99] 指1848年5月26日在奥地利首都维也纳爆发的人民起义。

者相互对抗且不信任的立场防止了事态恶化。

布拉格，6月1日。**斯拉夫代表大会**[100]的客人越来越多。波兰人、克罗地亚人、塞尔维亚人已经抵达，黑山的弗拉迪卡[101]也有望在这几天到来。就大家需要讨论的议题将有一份用四种语言制作的日程：波兰语、波希米亚[102]语、德语和伊利里亚[103]语。目前，我们将只提及方案的要点：1）关于斯拉夫人在奥地利帝国中的重要性及其相互关系；2）关于斯拉夫人民与奥地利国家其他人民的关系；3）关于奥地利人与其他斯拉夫人目前的关系；4）确定奥地利斯拉夫人与欧洲其他非斯拉夫人的关系。（《德意志总汇报》[104]）

伦茨堡，6月1日。经证实，**德国军队已撤离哈德尔斯列本**[105]，大批居民已离开此地。5月31日，哈德斯列本已经被丹麦轻骑兵占领。在克里斯琴斯费尔德[106]，180人将被强行服兵役。**在哈德尔斯列本，已经飘扬着丹麦国旗**。——来自弗伦斯堡[107]的《汉堡记者》[108] 5月30日晚报道。——哈德尔斯列本现在无疑被视为"德国的叛徒"。还可以肯定的是，丹麦人也已经进入**艾本哈德**[109]，之前他们曾发射过一些子弹。许多难民也从艾本哈德抵达弗伦斯堡。5月31日，一位旅行者把**丹麦人前一天晚上6点占领奥本罗**的消息带到了伦茨堡。原本给哈德尔斯列本的信息只能送去西加德[110]。

5月29日**临时政府专门宣布**将于6月14日召开石勒苏益格－荷尔斯泰因

---

100 斯拉夫代表大会（Slawenkongreß），1848年6月2—12日在布拉格举行，会议呼吁斯拉夫人联合起来，抵制在布拉格表现出的德意志和匈牙利的民族主义，号召欧洲各民族平等看待斯拉夫人和斯拉夫文化。

101 弗拉迪卡（Vladika），斯拉夫人对中东正教主教的称谓。

102 波希米亚（Böhmen），指现在捷克一带地区，12世纪中叶，原捷克公国改称波希米亚王国，1743年，波希米亚王国成为哈布斯堡皇室的领地，1918年捷克独立。

103 伊利里亚（Illyria），现在斯洛文尼亚、克罗地亚和波黑一带（不含塞尔维亚）地区。

104 《德意志总汇报》（*Deutsche Allgemeine Zeitung*，缩写*D. A. Z.*），1843—1879年用这个名称在莱比锡出版；1848年夏天以前持保守方针，以后则采取自由主义方针。

105 哈德尔斯列本（Hadersleben），丹麦语 Haderslev（海泽斯莱乌），丹麦南部一个小城。

106 克里斯琴斯费尔德（Christiansfeld），丹麦南部一个小城，在海泽斯莱乌以北约10公里，联合国教科文组织将其列为世界文化遗产。

107 弗伦斯堡（Flensburg），德国石勒苏益格－荷尔斯泰因州北部紧邻丹麦的一个城市。

108 《汉堡记者》（*Hamburgischer Correspondent*，缩写 *Hamb. Corr.*），全称《汉堡公正记者政治和学术日报》（*Staats- und gelehrte Zeitung des Hamburgischen unpartheyischen Correspondenten*），德国保守派日报。

109 艾本哈德（Apenrade），丹麦语 Åbenrå（奥本罗），丹麦南部的一个小城，临波罗的海奥本罗峡湾。

110 西加德（Seegard），丹麦语 Gaasevad（高斯瓦特）。德国石勒苏益格－荷尔斯泰因州北部靠近丹麦的村庄。

州议会。同日临时政府的一项法令载有对基尔[111]德国舰队委员会章程的确认。

在《伦茨堡日报》[*Rendsb. Tageblatt*]的一份**转录**中有如下内容：根据一名目击者的报告，昨天（5月31日）在松德维特[112]有一次激烈交火。丹麦人惨败，不但阵地战损失惨重，还从梅克伦堡[113]被追打到海岸。最后大部分人投降，其他人淹死在海里。（《威塞尔报》[114]）

×**阿尔托纳**，6月2日。这是丹麦人再次被击败的消息。据说2000名丹麦人被分散包围了；几百人被俘虏，我们的民防队已经被叫来今晚接收和看守他们，因为直到明天早上他们才会被继续运送到施塔德[115]。然而，与此同时，弗兰格尔将军率部队继续前进，这次不仅推进到北石勒苏益格，而且一直要推进到日德兰半岛。这一军令昨天迅速传达到总部。如果是这样，将在某种程度上洗刷我们最后的耻辱。顺便说一下，这对德国人来说是无上光荣的。要不了几周，整个旧帝国经济就会复苏；也许在不久的将来，我们将再次享受往日的盛世，就是亲爱的神圣罗马帝国和德国帝国军队曾经享受过的那个盛世。今天早晨，有一个代表团从哈德尔斯列本前往法兰克福，抗议哈德尔斯列本从公国[116]被割让出去。人们会在法兰克福被俄国的淫威吓倒吗？无论如何，英国已经表示，如果俄国和瑞典企图制造事端，它将派出舰队干预。丹麦人对从瑞典得到帮助几乎不抱希望，正如最新的丹麦报纸明确指出的那样。

＊**石勒苏益格－荷尔斯泰因**。我们德国目前正在对丹麦这个小国进行全民的战争，像这样的战争，这样的以武力和外交双管齐下的惊人手法，实在是史无前例的！拥有600个司令官、总参谋部和军事委员会的旧帝国军队的伟大行动，1792年联盟的司令官之间的互相倾轧，已经仙逝的帝国内廷军事顾问的出尔反尔的命令——这一切和德意志联邦[117]的新军队目前在石勒苏益格－荷尔斯泰因演出的、成为全欧洲的笑柄的战争喜剧比较起来，似乎反而是意义重大、激动人心和带有悲剧性的了。

111　基尔（Kiel），德国北部城市，石勒苏益格－荷尔斯泰因州首府，19世纪60年代后一直是德国主要的海军基地。

112　松德维特（Sundewitt），即现在的松讷沃半岛（Sundeved），丹麦南部日德兰半岛东海岸。

113　梅克伦堡（Meklenburg），现在德国梅克伦堡－前波莫瑞州西部地区。

114　《威塞尔报》（缩写 *W. Z.*，即 *Weser-Zeitung*），德国自由派报纸，1844年创刊于不来梅。

115　施塔德（Stade），德国汉堡以西约45公里的一座小城。

116　即石勒苏益格公国（Herzogtum Schleswig），位于德国和丹麦交界处。哈德尔斯列本当时属于石勒苏益格公国。

117　德意志联邦，1815年6月8日在维也纳代表大会上成立的由30多个邦国组成松散邦联。没有中央政府，没有预算。

现在扼要地谈谈这个喜剧的情节。

丹麦人从日德兰出发进攻,使部队在北石勒苏益格登陆。普鲁士人和汉诺威人[118]占领伦茨堡和艾德河战线[119]。丹麦人是生气勃勃和勇敢的,他们不理会德国人给他们制造的坏名声,迅速地展开进攻,只经过**一场**战斗就把石勒苏益格－荷尔斯泰因的军队击退到了普鲁士人的阵地。而普鲁士人却在袖手旁观。

最后,柏林发出了进攻的命令。德国的联军向丹麦人发动进攻,并借助优势的兵力在石勒苏益格击溃了丹麦人。所以能取得这次胜利,主要是由于波美拉尼亚近卫军像从前在格罗斯培伦和登内维次[120]那样灵活地进行了白刃战。石勒苏益格又被占领,德国为它的军队的英勇事迹而欢呼。

与此同时,为数不超过20艘大军舰的丹麦舰队拦截德国的商船,封锁德国所有的港口,掩护军队向各个岛屿撤退。日德兰因此听凭命运的摆布,而且部分地区已被普鲁士人占领,他们向日德兰索取200万塔勒的香料作为赔款。

但是,连一个塔勒的赔款都还没有取得,英国就提出了调停建议,主张退出石勒苏益格和宣告该地中立,俄国也发出了威胁性的照会。康普豪森先生立刻落入给他设置的圈套,陶醉于胜利的普鲁士人按照康普豪森的命令从韦耳[121]撤向克尼格绍河[122]、哈德尔斯列本、艾本哈德和弗伦斯堡。一度销声匿迹的丹麦人立刻又出现了;他们夜以继日地追击普鲁士人,使撤退的队伍陷入混乱状态,忽而在这里、忽而在那里登陆,在松德维特打败了联军第十军,只是由于敌人在数量上占优势才实行退却。5月30日的战斗又是由白刃战来解决的,但这一次枪托却操在梅克伦堡人的坚强的手掌中。德国的居民和普鲁士人一起逃跑了;整个北石勒苏益格遭到洗劫,丹麦的旗帜又飘扬在哈德尔斯列本和艾本哈德的上空。显然,普鲁士的各级军人在石勒苏益格就像在柏林一样只是盲目地服从命令。

柏林又发出命令:普鲁士人必须再次发动进攻。现在他们又精神抖擞地向北推进。但是这个喜剧还没有结束。我们等着瞧吧,看看这一次普鲁士人又会

118　汉诺威人(Hannoveraner),这里指当时的汉诺威王国的军队。

119　艾德河战线(Eiderlinie),艾德河一带的战线。艾德河是当时石勒苏益格－荷尔斯泰因公国与德联邦的界河。

120　格罗斯培伦和登内维次(Großbeeren und Dennewitz),柏林附近的地名。1813年8月23日德联盟军队在格罗斯培伦、1813年9月6日在登内维次的战役中打败了拿破仑的军队。

121　韦耳(Veile),丹麦语Vejle(瓦埃勒),日德兰半岛南部东岸城市,因有许多棉纺厂而被称为"丹麦的曼彻斯特"。

122　克尼格绍河(Königsau),丹麦语Kongeå(孔厄河),丹麦南部西海岸的一条长65公里的河流。

在哪里接到撤退的命令。

总而言之，这是康普豪森内阁为了自我欣赏和为了德意志民族的荣誉而演出的地道的卡德里尔舞[123]和军事芭蕾舞。

但是我们不应当忘记，这个剧场的舞台是由燃烧着的石勒苏益格村庄的火焰照亮的，而合唱队是由丹麦的"兵痞"和叫喊复仇的志愿兵组成的。

康普豪森内阁用这个事件证明了他在国际舞台上负有代表德国的崇高使命。

[转一栏]

[第三版第一栏]

[接三栏]

由于康普豪森内阁的过失而两次被弃置不理和遭受丹麦人侵略的石勒苏益格，将怀着感激的心情来纪念我们"负责任的"大臣们的这个初次的外交实验。

我们可以信赖康普豪森内阁的英明和毅力！

[作者恩格斯，译文采自《马克思恩格斯全集》第5卷38—40页《战争的喜剧》，人民出版社，1958年版。注释122、123提及的地名翻译有改动]

[ ] **汉堡**，6月1日。今天，**海军大会**今天已经开幕，但这次会议就像贵族阶层和高层会议的所有工作会议一样，大会被包裹在一个神秘的面纱中，没有人可以知晓其具体内容。虽然会议的预算被非常公开地讨论了，但是，他们应该如何花销纳税人用银格罗申和先令[124]筹集到的钱这一问题仍是模糊不清。在所有事情上，即便在最小的细节中，旧体制还在大行其道。老大臣已经垮台了。新大臣虽然对旧体制感到震惊，但如果通过他组建的官员继续维持这个制度，又有什么好处呢？只要我们一直不像法国那样做，即毫不犹豫地解雇无所作为的大臣们及公务员们，我们的官僚管理体制就一直与旧体制完全一样。如果坐在柏林、维也纳、汉堡、卡塞尔[125]等地的政府办公室里的仍然是那些守旧的老顽固，你会期望他们会走出那早已习惯的老路，而走上一条新路吗？

从发布出版自由以来创刊的民主机关刊物《**共和党人**》[126]已经发行10期，

123　卡德里尔舞（Contretanz，即 Kontretanz），起源于法国的一种集体舞蹈，四对男女交替配对起舞，流行于18—19世纪的欧洲宫廷。

124　先令（Schilling），原奥地利货币单位，1先令=100格罗申，2002年后被欧元取代。

125　卡塞尔（Kassel），是德国黑森州北部的较大城市，一度曾是黑森大公国的首都。

126　《共和党人》（*Der Republikaner*），朱利斯·弗勒贝尔（Julius Fröbel, 1805—1893）1848年在曼海姆创办的期刊。1848年为法兰克福议会议员，属于左派。他和罗伯特·勃鲁姆（Robert Blum, 1807—1848）共同参加维也纳十月起义，被捕后被判处死刑，处决前被文迪施格雷茨公爵赦免，1849年后移居美国。

关注者可谓日新月异。

后天，名为"德国工人阶级大会"的人民大会即将召开，会议将向公众开放。我将就那里的议题进行报道。

□ **汉堡**，6 月 2 日。我刚刚听说，海军大会已经圆满闭幕，只留下一个理事会处理后事。

匈牙利

佩斯，5 月 20 日。为确保选举顺利举行和议会在 7 月 2 日如期开幕，内政部长发布了所有相关规定。财政部部长科苏特[127]建议发行总量 200 万的自愿债券，债券利息为 5％，面值为 50 至 100 古尔登[128]，债券期限为 3 个月、6 个月或 12 个月。(《奥地利帝国维也纳日报》)

比利时

＊**布鲁塞尔**，6 月 3 日。**罗日埃**大臣采取了第一项重大举措，这项措施将把比利时从失败中拯救出来。他禁止拉舍尔小姐在当地剧院里演唱马赛曲。但是，她被授权可以演唱：

La liberté, pour conquerir le monde

N'a pas besoin de passer par chez nous [129]

（自由是为了征服全世界

但这种自由不需要经过我们这里）

——如你所知，比利时众议院最杰出的议员**卡斯蒂欧**先生在二月革命后不久辞职。他现在给图尔奈的老选民发了一封信，信中说明了他在这个时候不愿接受新的议会职务的缘由。这封信可以被看作是**比利时共和党**的宣言。我们在此给我们的读者摘录其中最重要的部分。

"尽管我在众议院发言中已解释了我拒绝议会职务的动机不是沮丧，但仍然有人认为我是因为气馁。我希望比利时能把自己变成一个共和国，这种转变完全可以和平进行，而不会陷入革命的危险。我相信，我说过此话。作为一个

---

[127] 科苏特，拉约什（Kossuth, Lajos 1802—1894）——1848—1849 年匈牙利民族解放运动领袖，先后为匈牙利革命政府财政部部长、总理。革命失败后先后流亡土耳其、美国、英国、意大利。1859 年奥意法战争期间，曾建立匈牙利军团，协同加里波第军队进行反奥战争。恩格斯认为他是"一个敢于代表本民族人民接受敌人挑战而进行殊死斗争的人"。《马克思恩格斯全集》第 6 卷，人民出版社，1961 年，第 193 页）。

[128] 古尔登（Gulden），德国古代银币，1 马克重的纯银制造成 24 个古尔登（另一种说法是 20 个），1776 年起，在巴伐利亚、巴登、维尔腾堡和德国南部其他各邦通用。

[129] 原文的法文，其内容与下面的两行德语完全相同。拉舍尔演唱时交替使用了两种语言。

公民和议员，这是我的权利。不幸的是，在国民议会的议事中仅有我一人提出了这一观点。一些愚蠢的人利用目前恐惧、自私、诽谤和武装企图的社会现状，居心叵测地达到了使比利时人民害怕自己的主权的目的，并唤起了一种从议会蔓延到全比利时的反动的君主立宪制趋势。由于我和选民之间的这种分歧，我觉得我有责任辞职。在分歧没有彻底解决前，我不能接受新的任务。

我知道，有人正在以君主立宪制的名义浪费我们今天最辉煌的承诺。这种论调是1830年陈述[130]的第二版。当时君主立宪制也被认为是能使国家变得幸福和强大的最完美的国家组合。它也许还是**共和国中最好的政体**。

先生们，你们大家和我一样清楚地知道，这些承诺带来了什么后果。

这个本应在外交政策中拥有**独立权**的政府，却使比利时接受屈辱的中立法，使比利时处于昏迷和孤立状态。

这个本应**保证我们各省在一个统一的国家里**的政府，却同意了国家的分裂，结果像波兰政府那样付出了昂贵的代价，把我们的**林堡**[131]和**卢森堡**[132]拱手划归荷兰，由此出卖了40万比利时人，这些同胞都是为了保护我们的独立而献出了鲜血和财富的啊。

这个政府本应是**国家秩序最有力的保障**，却不知道如何预先阻止1834年丑陋的抢劫。这次掠夺就发生在所谓的和平时期，就发生在首都，就发生在他们眼皮底下啊。这次掠夺深深地伤害了这个国家。这个**自由、进步**和廉价的政府15年来一直阴谋反对我们的机构，歪曲我们的自由，重新插上蒙昧主义的旗帜，并恢复旧的统治体制。这个政府通过无法形容的痛苦使我们的工业陷入泥潭；这个政府通过极端的贫穷化使我们人口众多的省份惨遭蹂躏；这个政府不是尽力促成这些省份的进步，而是用夸夸其谈的姑息剂来麻痹人民。

最后，这个自称道德和民主的政府重新追逐幼稚的荣誉。它扭曲了民族性格，发展了宠臣和宫廷精神，建立了百个无用的机构，复制了无数闲职，把公共财富作为贡品留给宫廷和政府机关，在行政机关的各部门中引进了同样无益的奢侈之风。这些使国家年度支出增加了5000多万法郎，并造成了赤字。目前向银行提供担保后，赤字将达1亿法郎。这个政府耗尽了我们的财务，摧毁

130　1830年陈述，指比利时1830年争取民族独立的革命。这年比利时脱离尼德兰王国（荷兰）而独立。

131　林堡（Limburg），比利时东部的一个省。1839年比利时和荷兰签订和约，将林堡和卢森堡的大部分划归荷兰，以此换取荷兰承认比利时独立。

132　卢森堡（Luxemburg），欧洲内陆国家。1815年形成大公国。1839年卢森堡西部划归比利时，东部成为由荷兰国王兼任大公的独立国家。1890年摆脱荷兰统治，由拿骚－威尔堡家族的阿道夫公爵出任卢森堡大公。

了我们的信用，吞噬了我们的救助来源，颁布了大量发行强制债券和纸币的命令。在这个政府垂死挣扎之际，它似乎只找到了一种残余的力量，就是继续毁灭国家，使其仅留下光秃秃的废墟。

这是1830年革命承诺的结果，这是君主制政府的福祉。

1848年的承诺不会比1830年好。人们甚至不会抵制参议院有关选举权的不公正规定，这使得选举代表权成为400个家庭的垄断。苦难的震撼、国家的耻辱和革命的危机将是比利时君主立宪制的告别辞。

意大利

那不勒斯，5月21日。我们又陷入了极端的恐怖主义的泥潭中。迄今留下来的人名单中还包括1753名死者。

［转二栏］

[第三版第二栏]

［接二栏］

这里发生了各种暴行，儿童、妇女和老人被唾弃、烧死、杀害，还有流浪者的号啕大哭、敌人肆无忌惮的抢劫和焚烧。他们扛着旧波旁王朝旗帜，举着圣母玛利亚像，在城市中穿行，对着市民的尸体大叫，并狂喊着他们的国王万岁！国王斐迪南二世[133]出现在阳台上，感谢他的忠实信徒。17号，瑟上校［Se. Maj.］在圣弗朗西斯科·迪·保拉教堂的拱廊下十分惬意地抽着雪茄，然后在忠诚的士兵和流浪者的簇拥下漫步全城。国民警卫队被解散，议会同样被解散，整个城市被解除武装；大量肮脏的流浪汉携带步枪，并幸灾乐祸地大笑着。兵痞们身着令人发指的军装，老警察再次身着旧制服。宪兵队又回来了，并强迫无辜的公民致摘帽礼或类似的礼节。禁止所有期刊的发行、所有对城墙的围攻和所有人群在大街小巷的聚集。那不勒斯处于持续的戒严之中。而在这看似沉闷的沉默中，有成千上万的市民已燃起愤怒的复仇之火。法国军舰上满是难民。我在海上、在巴拿马和在弗里德兰[134]拜访了许多姓罗密欧、佩利卡诺、夏洛亚、萨利切蒂的人，他们都拯救了自己。如有可能，每个人希望回避那不勒斯，这也许是正确的。许多贵族用掷骰子来赌波旁王朝这最后的生活，然而其美好时光不久便被击得粉碎。法国船只将难民带到西西里岛和卡拉

---

133 斐迪南二世（Ferdinand Ⅱ，1810—1859）——两西西里王国第三任国王，绰号"炮弹国王"。1848年5月15日，斐迪南二世在那不勒斯解散议会，成立新的反动内阁，召回参加反奥战争的军队。1849年5月11日，王国军队攻陷发生革命的巴勒摩，恢复封建专制统治。

134 弗里德兰（Friedland），德国下萨克森州的一个小城。

布里亚[135]，14 天内，卡拉布里亚在反抗。阿里亚诺[136]已经开始了激烈的战斗。但在这里国民警卫队也打了败仗。我不敢说那不勒斯人有很大的勇气，但卡拉布里亚人却提供了最大胆的蔑视死亡的范例。部队的军事行为是残忍的；瑞士人也同样残暴。斐迪南国王失望了。他过去常常可以把民族的怨恨与他的大臣们一起分担，而如今他只有全部独自承受了。那不勒斯是一座不幸的城市。普遍的看法是，整个大屠杀是一场早有预谋的政变。这个观点至少可以给出十几个理由。保皇派声称国王斐迪南被彻底激怒了，并已**被迫**正式宣布血战到底！南齐安特[137]再次证明了自己是一个殷勤的刽子手：他下令迅速将第一批 53 名（有罪的和无辜的）在押囚犯枪杀在新堡[138]的战壕中。愤怒是无尽的；明天人们担心新的灾难。拉布拉诺［Labrano］以军事上的严厉性发布命令。该国不安全，各地旅行者都遭到袭击。这是斐迪南国王想要的，**他放了 1000 个刑事犯**。瑞士人现在处于最困难的境地，毒药和剑等待着他们。5 月 15 日聚集在蒙托尔[139]的议员们已经决定罢免斐迪南。（奥格斯堡《总汇报》[140]）

那不勒斯，5 月 25 日。国王斐迪南今天向他的人民发出以下宣言："那不勒斯人！我们对 5 月 15 日的悲惨事件深感悲痛，我们渴望尽可能减轻恶果。我们的坚定决心和不可逆转的意愿是以纯粹和无懈可击的方式维护 2 月 10 日《宪法》。同样，作为唯一符合意大利目前实际和现实需要的国家，这将是我们最深爱人民的命运和我们皇冠的支柱。立法会议将在短时间内召开，我们期望它们的聪明才智和坚定性将使我们在所有需要明智和有益的改革的公共事务中给予我们强有力的支持。因此，恢复你们通常的追求，全心全意地相信我们的正义、我们的信仰、我们的圣洁而自愿的誓言，并生活在完全的自信之中。这将是我们最不懈的努力。尽快从目前我们所处的特殊和暂时的困境中振作起来，也尽可能消除影响我们的严重不幸的悲惨记忆。斐迪南宣。"新的选举团将于 6 月 15 日开会。各分庭定于 7 月 1 日开放。选举法仍使用原来的，后来

135　卡拉布里亚（Calabria），泛指意大利南部。
136　阿里亚诺（Ariano），意大利坎帕尼亚区的一个小城。
137　南齐安特，亚历山德罗（Runziante, Alessandro 1815—1881）——公爵，两西西里王国将军。1848 年因镇压那不勒斯起义而获得国王授予的圣乔治勋章。1861 年归附意大利王国，1867 年为意大利参议员。
138　新堡（Castello nuovo），意大利那不勒斯市中心的中世纪城堡，1279 年建造。
139　蒙托尔（Montol），指橄榄山广场（Piazza Montoliveto），位于意大利那不勒斯市中心。
140　奥格斯堡《总汇报》（*Augsburg Allgemeine Zeitung*，缩写 *A. A. Z*），德国日报，1798 年由约·弗·科塔创办，先后在图宾根、乌尔姆和斯图加特出版，1810—1882 年在奥格斯堡出版（因此对其称呼时常加地名"奥格斯堡"），基本上持保守派的观点，但温和的自由派的观点也常见于报端。

的大部分修改已经撤回，但有一个例外，即选民中的贵族减少为 12 人，原选举法规定为 120 人。(《德意志报》)

威尼斯。在这里看起来似乎既无反革命，也无新的革命准备滋生。政府赋予警察维持内部稳定、征用食物的特别权力，并（在 25 日）向公民委员会提供宪兵队和民兵队。在答复政府关于据称下令归还那不勒斯舰队的一封信时，那不勒斯代表彼得罗·莱奥帕尔迪[141]回答说：他没有对威尼斯共和国进行正式访问，但他在其 25 日的指示中就要求过海军上将，至少大部分的舰队应该留在威尼斯，并指出海军上将和他的官兵们如果离开此地，将承担给那不勒斯和意大利民族带来的一切后果。

——据说佩佩[142]将军已经把自己置于卡尔·阿尔伯特[143]的指挥之下。

——佩斯基耶拉在 26 日被要求投降，考虑时间限定为 24 小时，并获准派一名军官前往维罗纳[144]。后者拒绝了卡尔·阿尔伯特，但提出休战时间应到 27 日凌晨 2 点。这座城市遭到如此沉重的炮击，以至于邻近城镇的窗户都碎了。

——努根特[145]将 200 头牛作为粮食供给带到了**维罗纳**。(奥格斯堡《总汇报》)

米兰，5 月 31 日。**佩斯基耶拉终于真的放弃了**。或者说得更好听一点，投降出现在决定性的时刻。这一次，您可以信赖此消息的真实性。卡尔·阿尔伯特脸颊受了轻伤；他的儿子大腿上有点伤，二人都不危险。

——与此同时，在帕斯特伦戈[146]发生了一场小规模战斗，而战斗细节不

---

141 莱奥帕尔迪，彼得罗（Leopardi, Pietro 1797—1870）——意大利政治活动家。1848 年作为两西西里王国的全权代表派驻萨丁尼亚－皮埃蒙特国王；1849 年因参加意大利国家民族联合会被驱逐出境；1861 年以后为撒丁王国参议员。

142 佩佩，古利埃尔莫（PePe, Guglielmo 1783—1855）——意大利将军，民族解放运动的活动家。1820—1821 年参加那不勒斯革命，指挥起义军队；1848—1849 年参加意大利革命。

143 阿玛迪斯，卡洛·阿尔伯特（Amadeus, Karl Albert. 意大利语：阿马德奥，卡洛·阿尔贝托 Amadeo, Carlo Alberto, 1798—1849）——意大利西北部萨丁尼亚－皮埃蒙特王国国王（1831—1849）。他登基后开始了工业化进程。1848 年在自由派的压力下制定君主立宪宪法并对奥地利开战，1849 年战败后让位给儿子。

144 维罗纳（Verona），现为意大利北部威尼托大区（Veneto）维罗纳省首府，2000 年入选联合国教科文组织的世界遗产；《罗密欧与朱丽叶》以此城为背景，有"爱之都"之称。

145 努根特，拉伐尔，西米斯伯爵（Nugent, Laval, comte de Westmeath 1777—1862）——奥地利炮兵总监，后为元帅，曾参加镇压意大利和匈牙利 1848—1849 年革命。

146 帕斯特伦戈（Pastrengo），意大利威尼托区一个小城，位于威尼斯西约 120 公里，维罗纳西北约 15 公里。

详；这对我们就是幸运的啦——今晚这里注定灯火辉煌。(《法兰克福报》)[147]

伯尔尼，5月30日。政府收到了瑞士第四军团上校关于15日事件的报告。根据这些官方文件，发生的屠杀绝不是军队与国民警卫队偶然交火的结果，而是为了消灭自由反对党，而且这项工作当时也是按计划执行的。代表们要求：军队撤出城市30英里外，将军事要塞移交给国民警卫队，并承认这些代表为制宪会议代表。国王不想同意（在那不勒斯流传的关于所谓的让步消息是谎言），国民警卫队和人民同意了代表们的意见，开始设置路障，等等。瑞士军队从凌晨1点一直到中午左右，他们几次全副武装出来清除路障，

[转三栏]

[第三版第三栏]

[接二栏]

但没有发生流血事件。最后，正如上校所说，他们终于等来了"渴望已久的，为其王公贵族抛洒热血的时刻"！12点，警报信号发出（可能是枪械"意外走火"），部队绕道蜂拥前往宫殿。第4（伯尔尼）团第一个抵达广场，并立即被命令反击。瑞士军队冲进被人民占领的街道，但在这里遭到猛烈的反击，以至于上校不得不命令撤退。现在炮兵也走近了，炮火四处开花，霰弹不时击中窗户，这次战斗的结局已是众所周知啦。国王对瑞士人的热情和勇气感到非常高兴；他立即付给他们月薪；正如上校所言，加官晋升，颁发奖章等都已等着他们，这当然也使他很高兴。(《伯尔尼报》)[148]

法兰西共和国

* **巴黎**，6月1日。在各党派中收集了11名新任命的国民议会代表候选人名单。

---

147 《法兰克福报》(*Frankfurter Journal*，缩写 F. J.)，德国日报，从17世纪到1903年在美因河畔法兰克福出版。

148 《伯尔尼报》(*Berner-Zeitung*，缩写 Berner Z.)，瑞士的一家报纸，1845—1894年用德文在伯尔尼出版；19世纪40年代是激进党的机关报。

立宪议会和《世纪报》[149] 提出了以下候选人：尚加尔涅[150]将军，梯也尔[151]，银行家古德肖[152]，《世纪报》主编尚博勒[153]，巴黎市长助理亚当[154]，前议员莫罗[155]，工人巴亚尔[Bayard]，拉沃[Lavaux]，布瓦塞尔[156]（《世纪报》建议雷诺[Reyneau]先生取代该人），维克多·雨果[157]。依照9月份的法律《巴士底狱法》和《摄政法》，作为路易－菲利浦[158]的君主立宪制的主要执行者，梯也尔当然最有希望成为国民议会的成员，而国民议会致力于以共和党形式进一步发展的这一制度。在波尔多，大多数选民已经宣布支持他。我们也许会在短期内看到这位竞选人，同时也是基佐[159]先生的同事，成为法兰西共和国的首脑。七月革命和二月革命之间的全部差异将归结为，前者使激进的记者梯也尔当选为路易－菲利浦政府的大臣，而后者会使保守派前大臣梯也尔成为共和国总统。

---

149 《世纪报》(Le Siècle)，法国一家大众化日报，1836—1939 年在巴黎出版；19 世纪 40 年代反映温和宪法改革的观点；50—60 年代是温和共和派的报纸。

150 尚加尔涅，尼古拉（Changarnier, Nicolas 1793—1877）——法国将军和保守派政治家，法兰西第二共和国制宪议会和立法议会议员，1848 年 6 月以后为巴黎卫戍部队和国民自卫军司令，指挥驱散 1849 年 6 月 13 日的示威游行，1851 年路易·波拿巴政变后遭到逮捕和流放。

151 梯也尔，阿道夫（Thiers, Adolphe 1797—1877）——法国政治家和历史学家，著有 10 卷本《法国革命史》和 20 卷本《领事馆和帝国的历史》，1830 年参与创办《国民报》(Le National)，反对复辟王朝，1834 年起为法兰西学院院士，七月王朝时期任内务大臣和首相。第二共和国时期为制宪议会和立法议会议员。第三共和国的首任总统（1871—1872），1871 年残酷镇压巴黎公社。

152 古德肖，米歇尔（Goudchaur, Michel 1797—1862）——法国银行家，共和主义者，1848 年为临时政府的财政部长；19 世纪 50 年代为反对波拿巴主义政体的共和党反对派领袖之一。

153 尚博勒，弗朗索瓦－阿道夫（Chambolle, François-Adolphe 1802—1883）——法国政治家和新闻工作者；1838 年当选为国会议员；1848 年当选为制宪议会议员，右翼；在抗议 1851 年 12 月 2 日的政变后被迫流放；几个月后被授权返回，放弃从政。

154 亚当，埃德蒙（Adam, Edmond 1816—1877）——法国共和派政治活动家，1848 年 3 月担任巴黎市长助理；1849 年 4 月为国务委员会委员；1851 年 12 月 2 日政变后辞职；1870 年任巴黎警察局局长；1872 年任巴黎塞纳区议员；1875 年为终身参议员。

155 莫罗·德·若奈，亚历山大（Moreau de Jonnès, Alexandre 1778—1870）——法国经济学家，写有许多统计学著作，1840—1851 年担任法国农业和贸易部下属的法国统计总局负责人。

156 布瓦塞尔，让·马里·埃居尔（Boissel, Jean Marie Hercule 1795—1861）——法国政治家，1841—1849 年是巴黎塞纳区议员，七月王朝时期是立宪反对派，第二共和国时期为议会右翼。

157 雨果，维克多（Hugo, Victor 1802—1907）——法国作家，第二共和国时期是制宪议会和立法议会议员，1851 年 12 月 12 日政变后流亡泽稷岛。

158 路易－菲利浦（Louis-Philippe 1773—1850）——奥尔良公爵，法国国王（1830—1848）。

159 基佐，弗朗斯瓦（Guizot, François 1787—1874）——法国历史学家和政治活动家，君主立宪派。1830—1848 年先后为七月王朝的内政大臣、教育大臣、外交大臣和首相，历史学著作等身。

一、马克思主义新闻学专栏

《国民报》派候选人名单：埃德蒙·亚当，巴亚尔，工人，道尔顿－谢[160]，当吉［Danguy］，工人，让·巴蒂斯特·德莱斯特[161]，德罗林[162]，利奥波德·迪拉斯[163]，《国民报》[164] 主编，热尔韦［Gervais］，米歇尔·古德肖，维克多·舍尔歇[165]，蒂埃里［Thyerri］，医生。

《改革报》派候选人名单：科西迪耶尔[166]，皮埃尔·勒鲁[167]，蒲鲁东[168]，格朗梅尼尔[169]，里贝罗耳[170]，《改革报》[171] 主编，托雷[172]，《共和国报》[173] 主编，杜

---

[160] 道尔顿－谢，亚历山大（d'Alton-Shée, Alexandre 1776—1859）——法国将军，男爵，1826年10月任圣路易斯皇家军事部队司令；1833年4月任荣誉军团高级军官；1835—1841年在国家总参谋部任职。

[161] 德莱斯特，让·巴蒂斯特（Delestre, Jean Baptiste 1800—1871）——法国艺术家，积极参加1848年二月革命。

[162] 德罗林，米歇尔·马丁（Drolling, Michel Martin 1786—1851）——法国画家，巴黎国立高等美术学院教授。

[163] 迪拉斯，利奥波德（Duras, Leopold 1813—1863）——法国新闻工作者，《国民报》主编。

[164] 《国民报》（Le National），1830—1851年在巴黎出版的法国日报，19世纪40年代为温和共和派机关报。

[165] 舍尔歇，维克多（Schœlcher, Victor 1804—1893）——法国记者、政治家，废奴主义领袖。在他推动下1848年4月27日第二共和国废除了奴隶制。他于1828—1830年作为家族企业代表赴墨西哥、美国和古巴，在古巴遭遇奴隶起义，转变为法国废奴主义者。此次未当选塞纳省代表，但成为海外瓜德罗普省（Guadeloupe）推选的议员（1848—1849），1871—1875为海外马提尼克省（Martinique）推选的议员。

[166] 科西迪耶尔，马尔克（Caussidière, Marc 1808—1861）——法国民主主义者，1834年里昂起义的参加者；七月革命时期秘密革命团体的组织者之一；1848年二月革命后任巴黎警察局局长，制宪议会议员；1848年6月流亡英国。

[167] 勒鲁，皮埃尔（Leroux, Pierre 1797—1871）——法国政论家，空想社会主义者，基督教社会主义的代表人物之一，1851—1852年侨居英国。

[168] 蒲鲁东，比埃尔－约瑟夫（Proudhon, Pierre-Joseph 1809—1865）——法国政论家、经济学家和社会学家，保守的或资产阶级社会主义的代表人物之一，1848年为制宪会议议员。

[169] 格朗梅尼尔（Grandmènil）——法国记者，民主主义者，七月王朝时期秘密革命组织的活动家，《改革报》的创办人和发行人之一。

[170] 里贝罗耳，沙尔（Ribeyrolles, Charles 1812—1861）——法国政论家和政治活动家，民主主义者，1846—1849年为《改革报》编辑之一，1848年2月成为主编；1848—1849年革命失败之后流亡英国；1853—1855年为《人。世界民主主义报》主编；1858年流亡巴西。

[171] 《改革报》（La Réforme），法国的一家日报，民主共和党和社会主义者的报纸。1843年至1850年在巴黎出版；1847年10月至1848年1月恩格斯在该报发表了许多文章。

[172] 托雷，埃蒂耶纳（Thorè, Étienne 1807—1869）——法国政治活动家，律师和新闻工作者，民主主义者。1848年革命的积极活动家，1848年5月15日事件的参加者，后来流亡英国；1860年回到法国，脱离政治活动。

[173] 《共和国报》（La République），法国的一家日报，共和派的机关报，1848年2月26日至1851年12月2日在巴黎出版，主编是埃·巴莱斯特。

波蒂[174]，凯尔索济[175]，沃斯［Wors］，莱瑟雷[176]，舍尔歇[177]。

令人惊讶的是，没有工人[178]出现在民主报刊《改革报》提交的候选人名单上。然而《世纪报》推选的梯也尔先生必须对应至少一位工人，同时《国民报》推选的银行家古德肖先生必须对应至少两位工人，如此展开的竞选就像阿拉伯式花纹[179]异常复杂。

——前财政大臣拉卡弗-拉普拉涅[180]出版了一本小册子，并试图在这本小册子中重新对路易-菲利浦领导下的财政管理部门提出指控。

——据巴黎第一次电报透露，艾米尔·托马斯在抵达波尔多时被宪兵逮捕，并护送过街道；然后根据第二次电报信息，他重获自由。在波尔多，托马斯写了一封信给他的上司，公共工程部长特雷拉[181]，信中他试图以最礼貌的方式告别这位正直的先生。但特雷拉先生劫持了他，然后给他一个任务，并向他承诺此任务不是将他送往该省的任何角落监狱。［特雷拉后来］立即通过电报改变主意。这个托马斯，正如他在波尔多自己解读的一样，特雷拉先生本来要逮捕他，然后又撤销了这个命令。最后特雷拉允许他仍然和以前一样，可以从事吉伦特省和朗德省的排水研究工作。托马斯先生明白，该事原来只是特雷拉先生给自己开了一个玩笑。

——根据 5 月 26 日的决定，弗朗索瓦［François］准将和曼杜伊特［Manduit］准将被任命为巴黎城市指挥官。前者负责塞纳河右岸，而后者负责塞纳河左岸。

——科西迪耶尔向巴黎媒体发送了一份循环论证，驳斥了执行委员会 5 月 15 日报告中对他的指控。

174　杜波蒂，米歇尔·奥古斯特（Dupoty, Michel-Auguste 1797—1864）——法国政论家，曾参加多家民主共和派报纸的出版工作。

175　凯尔索济，约阿希姆（Kersausie, Joachim 1798—1874）——法国革命家。1830 年七月革命的参加者，秘密革命组织的成员；1848 年制定了巴黎无产阶级六月起义的军事计划，起义失败后流亡。

176　莱瑟雷（Lesseré）——《改革报》创办人之一，曾参加 1848 年二月革命并负伤。

177　舍尔歇，维克多（Schœlcher, Victor 1804—1893）——法国政治活动家和政论家，左派共和党人，第二共和国时期是制宪议会和立法议会议员，普法战争和巴黎公社时期为巴黎国民自卫军炮兵军团指挥官。

178　这里原文"ein Arbeiter"，第 6 号更正为"kein Arbeiter"。根据更正重译。

179　阿拉伯式花纹（Arabeske），一种不断重复几何图形的繁复装饰，常见于清真寺墙壁上。

180　拉卡弗-拉普拉涅，让-皮埃尔-约瑟夫（Lacave-Laplagne, Jean-Pierre-Joseph 1795—1849）——法国政治活动家，1842—1847 年任七月王朝财政大臣。

181　特雷拉，于利斯（Trélat, Ulysse 1798—1879）——法国医生（医学博士），共和党人，法兰西第二共和国制宪议会副主席（1848），公共工程部长（1848 年 5—6 月），巴黎市政顾问（1871—1874）。

——随着重新结盟的希望增加，人们发现，如今一些前巴黎的议员和其他议员仍然依恋君主立宪制。他们是不允许将自己列入国民议会候选人名单的。议会审议时他们也用含蓄的言辞批评了他们对君主制和流亡家族的感情。

巴黎，6月2日。根据《宪法》，行政权力委员会打算在几天内向国民议会提交关于设立警察总局的法令。也许以后还要有关于犯罪嫌疑人的法律。一个新的梅兰·德·杜埃[182]将会再现。

——根据《地方法院公报》，宪法委员会已经选择一院制议会由全体人民选出共和国总统，任期4年（只有在4年之后才能重新选举）；宪法草案的导言已经通过，开头是："以神的名义……"；宪法委员会可能比最初预计的更早完成工作。

——《劳动者》对声称有权代表**索维林人民**的**白色共和党人**名单进行了抽样调查，内容如下：

日拉丹[183]，法国和阿尔及尔唯一有能力的共和党人，只要求保留奥尔良公爵夫人和王子茹安维尔[184]的摄政权。

梯也尔。其诉求是：英国宪法；寡头政治和贫穷化；法国的爱尔兰化；恢复法国的九月法令；尽快恢复疏通特涅诺宁街的福西拉德路段。

伊波利特·帕西[185]，大家都知道，他是最纯净的共和党人；摩莱[186]、帕基耶[187]、德卡兹[188]和康普［豪森］同样方式的共和党人。

182　杜埃，梅兰·德（Douai, Merlin de 1754—1838）——法国政治家和法学家，1789—1791年国民制宪议会议员；1792年9月进入国民议会；1795年起草刑法典并被国民议会通过；曾任司法部长（1795年）、总检察长（1804年）、参政院议员（1806年）等；波旁王朝复辟后流亡荷兰；七月革命后回国成为法兰西研究院伦理学和政治学学院院士。

183　日拉丹，埃米尔·德（Girardin, Émile de 1806—1881）——法国资产阶级政论家和政治活动家，在30—60年代断断续续地担任《新闻报》和《自由报》编辑，以政治上无原则著称，1848年革命前反对基佐政府，共和时期是共和党人，立法议会议员（1850—1851），后为波拿巴主义者。

184　茹安维尔，普林森·冯（Joinville, Prinzen von 1818—1900）——法国亲王，国王路易-菲利浦（Louis Philippe）的第三个儿子，法国海军上将，画家，1861—1862年站在北部方面参加美国内战。

185　帕西，伊波利特-菲利贝尔（Psaay, Hippolyte-Philibert 1793—1880）——法国经济学家和政治活动家，七月王朝时期曾多次参加政府，第二共和国时期担任财政部长。

186　摩莱，路易-马蒂约（Molé, Louis-Mathieu 1781—1855）——伯爵，法国政治家，曾任七月王朝首相，第二共和国时期为制宪议会和立法议会议员，保守的"秩序党"领袖之一。

187　帕基耶，艾蒂安-德尼（Pasquier, Étienne-Denis 1767—1862）——法国政治家，七月王朝时期任皇室大臣，1842年被封为公爵。

188　德卡兹，埃利（Decazes, Élie 1780—1860）——公爵，法国大商人，复辟时期的国家活动家，保皇派，主张地主与大资产阶级相互协商。

阿基里·福尔德[189]，银行和股票交易所工人，以色列路特希尔德[190]家族的杰出后代。

维克多·雨果，灭亡皇室的歌颂者。

工人们抱怨典当行委员会的残酷无情和唯利是图。许多家庭在目前的困境下都必须典当物件。但典当行并非安全的避难所，因为人们典当价值100法郎的物件，典当行只给典当人5法郎的典当费。

瑞士

伯尔尼，5月30日。根据图尔高[191]特使的提议，国民议会大会上进一步讨论了法济[192]议员关于在意大利的瑞士雇佣军的议案。经过长时间的讨论，该议案获得通过。议会要求进行全面调查，并在解散雇佣军的工作结束才进行相关后续事宜的谈判。

乌里，5月30日。前总督施米德[193]——我们州政府主席施米德［Schmid］的兄弟——早已经溜之大吉了，留下了大约20万法郎的赤字，大部分是借来的资金，而欺诈者则通过自己制作的虚假抵押贷款来投保。

［转四版一栏］

［第四版上部一栏］

［接三版三栏］

这一案件的不良后果可能还牵涉有其他许多以前貌似安然无事的先生们。

大不列颠

* **伦敦**，6月2日。《泰晤士报》[194] 昨天刊登了瓦尔特[195]先生愿意支付10或

---

189 福尔德，阿基里·马库斯（Fould, Achille Marcus 1800—1867）——法国金融家和政治家。1848年参与法国政治，1851年参与路易·波拿巴的政变，成为参议员和国务大臣，负责管理王室的收入和文化机构。他的家族成为法兰西第二帝国最大的金融家族。

190 路特希尔德（Rothschild），德国的犹太裔家族，18世纪末期创建了欧洲的金融和银行现代化制度，在奥地利和英国的家族成员先后被王室赐予贵族身份。

191 图尔高（Thurgau），瑞士的一个州，以莱茵河为界北邻德国。

192 法济，让·雅克（Fazy, Jean Jacques 1794—1878）——瑞士政治活动家，瑞士银行的创办人。1846—1853年和1855—1861年任日内瓦州政府首脑。

193 施米德，弗兰茨·文岑兹（Schmid, Franz Vinzenz 1758—1799）——瑞士编年史家和政治家。1798年瑞士海尔维第共和国期间为乌里州行政长官。1799年4—5月领导了反抗法国占领军的起义，起义失败。

194 《泰晤士报》（The Times），英国最大的一家保守派日报，1785年起在伦敦出版。

195 瓦尔特，约翰（Walter, John 1818—1894）——《泰晤士报》的所有者和出版者，议会议员（1847—1865和1868—1885），自由党人。

20英镑资助发表的文章之一。这是一篇关于无神论的英国宪章运动[196]的，美妙的，悲叹的文章，文章指责宪章运动者仍然不想停止以非常不体面的方式来破坏富庶安宁的伦敦城的和平。《泰晤士报》惊呼道，几天以来，约有五千或一万个肮脏的、充满敌意的人非法聚集在伦敦的大街小巷。这对于一个聪明、忙碌的伦敦人来说完全是一种巨大的妨碍，因为伦敦人已经习惯了在餐厅或在壁炉旁悠闲地打发时间。例如，昨天人们发现，这些人的示威不但完全空洞，而且还令人非常厌恶。人们看到迎面走来的游行队伍就像看着一条迎面爬向自己的巨蛇。它没有牙齿，长长的、滑溜的、阴险的，令人毛骨悚然……我们美好城市的居民不禁要自问，如果前两件事情只有利于宪章运动者，而后者对什么都不利的话，为什么我们纳税人必须要为城市街道、城市照明和警察买单呀。自从他们读到我们的邻国人民在巴黎目前所经历的可怕生活后，他们就更加要追问这个问题了。——在我们安静、悠闲、舒适的伦敦，我们一个星期都忍受不了巴黎国民革命军所带来的痛苦。当我们想到此事时，我们仍然还算幸福的，每个伦敦市民每天都要感谢他的造物主，感谢他从这种恐怖生活中幸免于难。他可以安静地坐在桌旁，安静地上床睡觉，不是像巴黎、柏林和其他二十个大城市的居民一样每二十四小时至少听到一次军队的激烈战斗。这些居民处于真正致命的无政府状态，过着不信任、破产和绝望的生活。然后，《泰晤士报》指出制止伦敦暴乱的建议就是用武力使其尽快结束，并感谢伦敦市政府迄今在这一点上所做的努力。

当然，我们乐意看到友好的伦敦人一直享受他们的安宁。前提条件是，必须要想方设法尽快治愈英国可怕的社会顽疾，然而只要有人认为前往安德沃[197]穷人坟墓[198]或者被放逐到荒凉的植物学湾[199]就能尽快治愈英国可怕的社会顽疾，大部分宪章运动者的政治诉求就很难得到满足。

——6月2日的《泰晤士报》以非同寻常的方式让人们反思宪章运动。该报呼吁，所有英国人都应该注意和思考过去几天的事件。宪章运动者既没有死去也没有睡着。毫无疑问，要更多地关注他们的愿望、意图和力量。他们一定

---

[196] 宪章运动（Chartisten），1836—1848年英国工人阶级为得到自己应有的权利而掀起的运动，这次运动有一个政治纲领——《人民宪章》，因此得名宪章运动。

[197] 安德沃（Andover），英格兰汉普郡的一个城市，位于南安普敦以北40公里处。

[198] 穷人坟墓（Bastillen für die Armen），根据1834年英格兰通过的《贫困法》，对穷人唯一的援助形式是将其安置在有监狱制度的工作间中，人们称这些房屋为"穷人坟墓"。

[199] 植物学湾（Botany-Bay），位于澳大利亚悉尼海岸，1770年4月，库克船长首次登上澳洲大陆，并宣布澳大利亚东海岸为英国所有，1788年，来自英国的第一批流放囚犯被送到此处。

会自由地、公开地重登历史舞台。然后,该报回顾了布拉德福德事件[200],并提出了如何防止这种政治示威的问题。该报相信,政府必须尽一切可能更好地促进人民的社会福利,并最终看到更好的教育就是促进人民社会福利的手段之一。当然,一如既往地也不要忘记以最迫切的方式时刻关注流亡者的动态。

4月初,《泰晤士报》[还认为]对宪章运动者没有找到比发射霰弹更有效的手段,但如今已经发生了很大变化。我们对此表示祝贺。最近,在阅读该报后人们发现,发射霰弹后其实还跟随着一个结果。这一结果涉及人民的教育问题。有些人仍然还记得,几年前议会批准为皇家马厩提供一笔经费,而这笔经费是同期拨给小学的经费的三倍呀。

伦敦,6月2日。约翰·罗素[201]勋爵昨天在下议院宣布了两项动议。一个涉及废除《改革法案》的税收条款,另一个是因为每个议员首次在众议院露面必须完成的誓言。第一项建议是修改1831年的法律,包括对改革运动做出让步;第二点涉及下议院最近通过但被上议院否决的犹太法案,

[转二栏]

[第四版上部二栏]

[接一栏]
该法案现在将由一份内容表述不同,但目的一致的新犹太法案所取代。

科尔维尔[202]先生的议案,涉及德比市[203]新的选举问题。该问题引起了休谟[204]先生,汉默[205]爵士,格雷[206]爵士和西布索普[207]上校之间的一次较长时间的辩论。

---

200 布拉德福德事件(Bradforder Ereignisse),1848年4月29日,英国警察到布拉德福德去抓捕宪章派领导人,与当地民众发生冲突。布拉德福德是英格兰约克郡的一个城市,英国早期文化中心之一。

201 罗素,约翰(Russell, John 1792—1878)——英国政治家,辉格党领袖,曾任首相(1846—1852和1865—1866)、外交大臣(1852—1853和1859—1865)、枢密院院长(1854—1855)。

202 科尔维尔,查理斯·罗伯特(Colvile, Charles Robert 1815—1886)——英国地方政治活动家,德比郡议员(1841—1859和1865—1868),1875年为德比郡高级警长。

203 德比市(Derby),英格兰中部的一个中等城市。

204 休谟,约瑟夫(Hume, Joseph 1777—1855)——英国政治家,国会议员,激进派领袖之一。

205 汉默,约翰(Hanmer, John)——爵士,来自弗林特郡的英国众议院议员,1848年关税法案调查委员会成员。

206 格雷,乔治(Grey, George 1799—1882)——英国政治家,辉格党人,曾任内务大臣(1846—1852、1855—1858、1861—1866)和殖民大臣(1854—1855)。

207 西布索普,查理(Sibthorp, Charles 1783—1855)——英国保守派政治家,众议院议员(1826—1832、1835—1855),通常称他为西布索普上校。

这导致了帕麦斯顿[208]勋爵发表了有关在西班牙和英国内阁之间存在差异的一些观点。

约翰·罗素勋爵接着说，该部委的一名成员将在6月15日或16日主持众议院会议，专题讨论政府关于西印度群岛问题的一些打算。

随后，莫厄特[209]先生恢复了关于航运法的质询辩论。在罗宾逊[210]先生、米切尔［Mitchell］先生、格兰比[211]侯爵等进行了长时间的辩论之后仍毫无结果，此辩论只好被推迟到下次会议。

贸易及交易所信息

的里雅斯特，5月28日。染料及**泻鼠李果**[212]无交易，因为卖家不想让自己的商品低价出售。有一些小批量的士麦那坚果和阿勒波松子在合理的价格下销售。

读者来信

科隆，6月3日。今天，沙夫豪森企业银行[213]的许多债权人聚集在当地赌场的大厅里，讨论通过一家股份有限公司的合法地位的章程，以便应对本家族银行业务的交割期限展延。5月6日，由债权人当事方选出的代表起草了《规约》。在公布贝格豪斯[214]先生当选公司主席之后，埃塞尔第二[215]律师先生建议进一步通过规约草案，该草案之前已经得到债权人的共同认可。首席律师

208　帕麦斯顿，亨利·约翰·坦普尔（Palmerston, Henry John Temple, Viscount 1784—1865）——子爵，英国政治家，1830年起为辉格党领袖，英国首相（1855—1865），三度任外交大臣（1830—1851）。

209　莫厄特，弗朗西斯（Mowatt, Francis 1803—1891）——英国激进派政治家，众议院议员（1847—1852和1854—1857）。

210　罗宾逊，弗雷德里克（Robinson, Fredtrick 1782—1859）——子爵，英国政治活动家，托利党人，曾任财政大臣（1823—1827）和首相（1827—1828）。

211　格兰比，查理（Granby, Charles 1815—?）——侯爵，托利党人，众议院议员。

212　泻鼠李果（Kreuzbeeren），为鼠李科植物达乌里鼠李的果实，又名稠李子、老乌眼、乌眼。类似鼠李科的拐枣。它既是一种水果，又是一种泻药。

213　沙夫豪森企业银行（A. Schaaffhausen'scher Bankverein），德国第一家法人实体组织的私人银行，由亚伯拉罕·沙夫豪森（Abraham Schaaffhausen）1791年创办于科隆。该银行1848年3月面临严重的流动资金短缺问题，4月底，普鲁士政府决定将其转变为股份公司来解决这一严重问题。

214　贝格豪斯，弗兰茨·克萨韦尔（Berghaus, Franz Xaver 1783—1869）——普鲁士总检察官和枢密委员会委员。

215　埃塞尔第二，斐迪南·约瑟夫（Esser II, Ferdinand Joseph 1802—1871）——普鲁士官员，教权派，1848年为普鲁士国民议会议员，司法委员会委员，属于中间派。

海姆佐特[216]先生指出：团结是我们最需要的要求；如果不能做到这一点，《规约》就不能通过。那些现在反对建立匿名公司的人被要求在这里解释这一点；如果他们的数量不是微不足道的，我们今天就可以承认，就必须宣布破产。在马蒂亚斯·赫尔特霍夫[217]先生表示所要求的声明会使一些人感到尴尬之后，海姆佐特先生提议进行秘密审查，并要求将所有加入声明的最后期限规定为 3 周。齐默尔曼［Zimmermann］律师提议任命可以代替出席的债权人签字的代表，并审查提交的法规和资产负债表中一些可疑内容。例如，沙夫豪森的所有房地产是否属于交易公司，还是只属于 $7/12$，而其他 $5/12$ 属于沙夫豪森的子女。尊敬的坎茨［Cantz］和迪尔加特[218]先生强调，应支持建立一家匿名公司的草案。如果宣布破产，但提交章程时将达成一致，少数债权人随后必须提交建议书，那么才有可能在年度期限完成此事，就如大家在几周内自愿通过法规一样。此外，就协约而言，国家是否能根据《专业合作条约》第 50 条契约条款保证利息，就像国家为股份公司做出的承诺一样，这点令人怀疑。对此，埃塞尔第二先生反驳道：个别债权人宣布他们不想加入，已经导致放弃股份公司。因为一些债权人仍然记得，作为赎回抵押品的限期，三个星期实在太短了。因为许多债权人居住的地方非常遥远，委员会认为，可以将此限期延迟到 8 月 15 日。该期间是收集所有债权人的申报的适当时期。在场的债权人似乎同意这一期限，同时也同意首席律师海姆佐特先生和赫尔特霍夫先生的意见。他们认为，如果公司没有取得成果，应委员会的要求，最迟必须在 8 月 16 日前宣布破产。律师卫尔[219]呼吁立即签署加入协议，并深信他们不希望破产或庭外清算。这一提议获得了最响亮的掌声。而后埃塞尔第二先生提出了一个议案，宣布加入本草案。

［转三栏］

[第四版上部三栏]

［接二栏］

然而，这一点遭到反对，有人只是希望签署一个同意成立股份有限公司的意见书。考虑到这一点，该提案得到了批准，并开始全体签字。然后值得注意的是，必须选出七名当选代表，以便审查自沙夫豪森家族暂停付款之前的财务管

216　海姆佐特，亨利希（Heimsoeth, Heinrich）——普鲁士官员，1848 年是科隆律师。

217　赫尔特霍夫，马蒂亚斯（Hoelterhof, Matthias 1796—1880）——普鲁士实业家。

218　迪尔加特，弗里德里希·冯（Diergardt, Friedrich von 1795—1869）——男爵，莱茵工业家和丝绸制造商，1847 年为普鲁士等级议会议员，1849—1860 年为普鲁士众议院议员，1860 年以后为上议院终身议员。

219　卫尔，巴托洛缪斯·约瑟夫（Weyll, Bartholomäus Joseph）——德国法学家，科隆律师，1848 年为科隆民主协会和安全委员会委员，1848 年 10 月任柏林第二届民主主义者代表大会代表。

理细节，并代表所有债权人继续完成此事。这次选举进行了，谈判定于下午 3 点继续进行，届时将就《规约》进行特别讨论。

（读者来信）

一位来自赖特[220]的朋友，我刚刚询问了他这个城市的激进内阁的思想态度。他对此向我澄清说，内阁首相的妻子出生于赖特，还罗列了一系列他的亲戚，以及这些人的朋友和邻居的姓名，但他们的思想均不能代表这座城市的精神。很快就会证明，这次示威游行是否不过是一次空洞的表演。赖特市政府把自愿捐款变成了一个内阁信任案；我们想看看，富有的赖特市是否会筹集到 5 万塔勒的资金。

致德国大学生的呼吁

同学们！

本月 11 日，耶拿[221]日耳曼尼亚大学生协会宣布所有德国大学生协会在瓦尔特堡[222]举行会议。——我们惊讶地发现，即将召开的这次会议，与其说是为了保障和讨论我们大学的整体利益，不如说是为了了解有限的、大学生的党派趋向。这样的一个集会与德国学生团体在我们时代中必须解决的任务并不相符。这不是涉及平衡各大学生协会之间的一些分歧的问题，而是为了公开交换意见和原则来团结所有学生协会的问题。这样的集会在今天不是有利于旧大学生协会的恢复，而是有利于在我们时代充满威严的精神感召下德国大学的转变。因此，非常有必要让大学生协会中所有各方党派团结起来，完成这一伟大的工作。正如所有各方党派代表都团结一致，实现国家重组一样。如果大会以这种方式举行，它将作为整个德国大学生团体的代表，通过他们的诉求来表达全体德国大学生的总体意愿。

因此，我们根据在哈雷[223]的德国报纸（5 月 24 日）发出的呼吁再次宣布，所有当地学生团体都要求选举代表参加瓦尔特堡集会，以及在爱森纳赫[224]的预

220　赖特（Rheydt），1975 年前是德国北莱茵－威斯特法伦州西部的一个小城，德国纳粹党宣传部长约瑟夫·戈培尔的出生地。此后，合并于门兴格拉德巴赫（Mönchengladbach）市，该市的中央车站保留了"Rheydt"的称谓。

221　耶拿（Jena），德国中部萨莱河畔的城市，图林根州第二大城市，1806 年耶拿战役的战场。

222　瓦尔特堡（Wartburg），德国爱森纳赫市城西的一座城堡，建于 1067 年，1999 年被列为世界文化遗产。

223　哈雷（Halle），德国萨克森－安哈尔特州南部较大城市，在莱比锡西北约 30 公里。

224　爱森纳赫（Eisenach），德国图林根州西北部的一个小城。

备会。我们可以期待所有德国大学生都同意此次集会的上述目的。除非距离会议地点实在太遥远，否则所有德国大学都将派代表前往那里。

因此，我们期待着6月12日。愿集会的这一天，在我们的大学历史上成为意义非凡的一天吧！

1848年5月29日，波恩。

以今天在学术礼堂举行的学生大会名义发出上呈呼吁。

主席团

（执笔）恩斯特豪森[225]，克洛斯特曼[226]，滕德林［Tendering］

更正

在本报第二号的报纸中，诺伊斯的署名末尾处写成了："absurden Nestern"，更正为："obscuren Restern"。[227]

[第四版下部一栏]

科隆市民状况

出生，5月31日。奥古斯特·卡尔，阿尔伯特·威施之子，阿尔特－布里格8号的顶级消防队员，乌尔里希巷。

6月1日。玛格丽特·弗兰斯，弗朗茨·兰森之女，木工，埃伦斯特街。——约翰·克里斯蒂娜卡罗琳娜，卢卡斯先生之女，中学教师，安克街。——莱昂，约翰·约瑟夫·埃瑟之子，木匠，大希腊市场。——米夏·胡贝尔，雅科布·赫肯拉斯之子，园丁，弗里森街。——米西，佩恩·绥茨之子，丝织工，恒特普甫尔街。——伊莉丝，佩恩·博斯科之女，银器工，林特巷。——马克西米安·蒂尔姆，格奥尔格·洛特之子，公务员，韦伯斯特大街。——克雷门斯·奥古斯特·胡贝尔，约翰·略温施泰因之子，锁匠大师，胡斯巷。

---

[225] 恩斯特豪森，阿道夫·恩斯特·冯（Ernsthausen, Adolf Ernst von 1827—1894）——普鲁士官员，众议院议员（1865—1866和1869—1870），西普鲁士省最高行政官（1879—1888），1848年5月曾参加爱森纳赫学生大会。

[226] 克洛斯特曼，爱德华·鲁道夫·赫尔曼（Klostermann, Eduard Rudolf Hermann 1828—1886）——德国采矿法专家，1846—1849年在哈雷、波恩和柏林学习法律；1857—1866年为普鲁士商业部助理；1875年为矿务部负责人。

[227] 原词"荒谬巢穴"更正为"晦涩残余"。

6月2日。伊萨伯拉，西吉兹蒙特·布利斯巴赫之女，钳工，玛丽安加滕街。——艾娃，贝尔塔·韦伯之女，小商品手工业者，塞韦林大街。——康拉德，约瑟夫·亨德根之子，木匠，大希腊市场。——弗朗茨，约翰·斯托尔维克之子，饭店老板，约瑟夫大街。——玛格丽特，约瑟夫·希弗之女，马车夫，胡恩大街。——弗兰齐斯卡，弗里德里希·坎伯特之女，漆匠，兰德伯格大街。——奥托·弗里德里希·胡贝尔，路德维希·冯·菲森之子，申诉法庭顾问，沃尔夫大街。——一位非婚生男婴和一位非婚生女婴。

死亡，6月1日。亚当·罗恩，面包师，51岁，未婚，米罗里滕斯比塔尔街。——马蒂尔达·约瑟夫·马斯，2岁20天，布林德巷。——阿德尔海德·奥森多夫，65岁，未婚，佩茨大街。——佩特·约瑟夫·胡贝尔·莱博尔德，3周，寺庙街。

6月2日。马蒂尔达·约瑟夫·耶利希，2岁3个月，珍珠沟大街。——威廉·克莱恩，12岁，玛丽安加滕大街。

结婚，6月4日。约翰·威廉·雷嫩斯，炮兵中士，和安娜·卡塔琳娜·施米茨，小希腊市场。——海因里希·艾瑟曼，屋顶工，恩加巷，和格特鲁德·维特，约瑟夫广场。——海因里希·迈耶，制糖工人，卡伦豪森，和玛格丽特·佩茨，黄油市场大街。——约翰·彼得·韦斯特曼，泥瓦工，布莱特大街，和爱丽莎·罗斯，公鸡巷。——泰奥多尔·胡贝尔·加尔斯多夫，修车人，哈嫩大街，和玛格丽特·格拉斯马舍，毛里求斯斯坦大道。——本亚明·科尔施塔特，扣带制造商，埃伦费尔德，和玛格丽特·菲利普·奥古斯塔·爱尔福特，高街。——卡尔·爱德华·阿尔伯特·恩斯特，木工，哈姆，之前在卡腾布格街，和玛丽亚·特蕾西娅·施密特，卡滕布格街。——理夏德·弗朗茨·亚历山大·莫里茨·特奥多尔·古斯塔夫·巴龙·冯·雷兴贝格，无业，前候补军官，约翰大街，之前在亚琛，和埃玛·波特曼，约翰大街。——约翰·海因里希·科特曼，玻璃装配工和油漆工，和安东塔·威廉明妮·布斯曼，都来自卡特豪斯沃尔街。——卡尔·威廉·海因里希·尤利乌斯·霍恩，泥瓦工和木匠，和安娜·格特鲁德·冯克，都在泽韦林大街。——弗朗茨·青多夫，短工，珍珠沟大街，和埃娃·鲍姆，牧场巷。——约翰·威廉·甘格尔，屋顶修缮能手和水泵技工，克林格尔佩茨大街，和玛格丽特·伯恩哈特，战斗工具巷。——克里斯蒂安·布德，制锉工匠，多伊茨，和玛丽亚·安娜·科普，福勒大街。——约翰·魏因加茨，鳏夫，木匠，多伊茨，和卡塔琳娜·埃尔肯斯，施普尔曼斯巷。——彼得·赖弗沙伊德，铁道包装能手，明登，和埃丽萨·胡贝蒂娜·戴曼，堡垒巷。——约翰·阿纳·翁克尔斯，鞣革工人，格贝尔巴赫，和玛丽亚·安娜·鲍姆，寡妇，莱切尼奇。——克里斯特·特罗斯特，鳏夫，鞋商，乌尔苏拉广场，和安娜·玛丽亚·布利格，使徒街道旁的旧城墙。——威廉·约瑟夫·

[转二栏]

[第四版下部二栏]
[接一栏]
斯特芬斯，钟表匠，科伦巴大街，和西比勒·穆勒，毛毡沟街。——马蒂亚斯·科布伦茨，短工，大希腊市场，和海伦娜·沃尔夫，勒尔巷。——安藤·施图尔姆，鳏夫，手工鞋工人，艾格尔施泰因，和芭芭拉·德克尔，多明尼加街。

邮轮 科隆 1848年6月4日

已出发：H. 莱尼韦伯到宾根[228]。雅各布·舍夫到韦瑟尔[229]。

正在候客：威特. J. A. 奥尔茨，去往胡尔奥特区到埃默里希区；L. 杜克弗雷，去往杜塞尔多夫到米尔海姆（鲁尔区）[230]；D. 施莱格尔，去往科布伦茨[231]以及摩泽尔河[232]和萨尔河[233]；J. 科海梅尔，去往安德纳赫[234]和新维德[235]；D. 施莱格尔，去往科布伦茨以及摩泽尔河和萨尔河；N. 拜尔，去往摩泽尔河，去往特利尔和萨尔河；J. B. 蒙德施恩克，去往宾根；安东·本德，去往美茵茨；弗兰肯·舒尔茨，去往下美茵；C. W. 米勒，去往中美茵和上美茵；弗

---

228 宾根（Bingen），德国莱茵兰－普法尔茨州的小城，位于纳厄河注入莱茵河的汇合处。这里除了盛产葡萄酒外，还有坐落于莱茵河小岛上修建于14世纪的鼠猫堡（Mouse Tower）。

229 韦瑟尔（Wesel），德国北莱茵－威斯特法伦州西部的一个城市，在莱茵河东岸。

230 米尔海姆（鲁尔区）（Mülheiman der Ruhr），德国共有6个叫米尔海姆的地方，这里是指德西部北莱茵－威斯特法伦州鲁尔河上一座小岛上的城市，19世纪是皮革和煤炭之城，1966年最后一座煤矿关闭。目前是许多著名食品公司总部所在地。

231 科布伦茨（Koblenz），德国西南部莱茵兰－普法尔茨州的小城，位于摩泽尔河注入莱茵河的汇合处。19世纪曾是普鲁士王国莱茵省省会。

232 摩泽尔河（Mosel），法国东北部和德国西南部的河流，莱茵河最长的支流（545公里），流经马克思的故乡特利尔，在科布伦茨注入莱茵河。

233 萨尔河（Saar），法国东北部和德国西南部的河流，莱茵河的支流摩泽尔河的右支流，长246公里。

234 安德纳赫（Andernach），德国西南部莱茵兰－普法尔茨州的小城，生产徽章已有800多年的历史传统。距离莱茵省首府科布伦茨21公里。

235 新维德（Neuwied），德国西南部莱茵兰－普法尔茨州的小城，位于莱茵河东岸，在科布伦茨西北12公里。

兰肯·米西希，去往海尔布隆[236]；彼得·库恩勒，去往坎城[237]和斯图加特；M. 奥伯登，去往沃尔姆斯[238]和曼海姆。

远航：去往鹿特丹，船长辛根东克，科隆10号。

远航：去往阿姆斯特丹，船长科夫，科隆2号。

水位

科隆，6月4日莱茵河水位为7英尺3英寸。

所有的书店都可购买：

《值得关注的大预言》
1847年至1850年

新版价格1银格罗申。

B. 普莱美书店。

司法拍卖

1848年6月6日星期二上午11点，在位丁科隆爱泼斯坦市场广场上将出售各种家具物品，包括桌子、椅子、一面镜子、一个烤箱、标牌、一个完整的木工刨台等，各种物品将卖给公开竞价最高者。现金结账。出售付款。

哈佩尔女士，法警。

大桑考尔32号

在激进的俱乐部里，你可以找到真正民主的窖藏啤酒，并在晚上与志同道合的客人们聊天及畅饮宪法朗姆酒和共和小杯啤酒。

---

[236] 海尔布隆（Heilbronn），德国西南部巴登－符腾堡州的城市，连通曼海姆和斯图加特的闪卡尔河穿过该城。德国戏剧家海因里希·冯·科莱斯特写有戏剧《海尔布隆的卡塔琳娜》。

[237] 坎城（Kannst adt），德国西南部巴登－符腾堡州最古老、人口最多的小城之一。Kannstadt是1900年前的名称，1900—1933年称康斯达特（Cannstatt）。1993年7月23日在名称前加"Bad"一词，突出该地的温泉特色。

[238] 沃尔姆斯（Worms），德国西南部莱茵兰－普法尔茨州的城市，位于莱茵河西岸。它是德国神话"尼伯龙根"传说的起源地，还被称为"路德之城"。

交通运输情况

交通运输委员会协商和决策大会将于 6 月 5 日星期一晚上 8 时，在德林伯恩附近的后厅举行。

交通运输委员会。

也许有人认识潘恩斯和弗兰克公司尊敬的代理人斯勒西特公民，因为他自从上次公开露面后就杳无音讯???

[第四版下部第三—四通栏]

五十人委员会

全体大会

6 月 5 日，周一晚 8 点，贝克尔酒馆

铭牌巷 8 和 10 号

由于此次会议有一个非常重要的议题要讨论，因此要求全体成员不得缺席。

科隆，1848 年 6 月 3 日。

五十人委员会。

《新莱茵报》

咨询和批准章程的股东大会

以及公司合同的缔结大会：

拟于今年 6 月 18 日星期日，上午 10 点，

在迪伦波恩，钟声巷 13 和 15 号。

外地股东可以委托其全权代理人出席。临时股东会员证作为入场券。

科隆，1848 年 6 月 2 日。

临时委员会。

刊登本报广告

《新莱茵报》

有意在本报的下一期刊登广告者，请于今日**中午 1 点**前与我们联系。

《新莱茵报》发行部

一、马克思主义新闻学专栏

[第四版右下部三栏]

如此受欢迎的

樱桃蛋糕

每日新鲜出炉，每块 10 至 1 银格罗申不等。石德尔巷 49 号以及分店卡腾堡布林德巷 12 号。

弗兰茨·斯托尔威尔克[239]，宫廷供应商。

冰淇淋

每天出售冰淇淋，在本店品尝及外卖均可，每支售价 4 银格罗申。

弗兰茨·斯托尔威尔克，宫廷供应商。

出租一个宽敞的隔断为 2 室的房间，有漂亮的地板及储藏室，并配一间封闭的地下室（不连通）。Kl. 电报大街 6 号。

一只黑白相间的小母狗走失。有拾到并归还者必有酬谢。黄油市场第 38 号。

[第四版右下部四栏]

一辆可供郊游的大型马车和其他车辆寻求租用，小桑考尔恩罗 2 号，J. J. 科尔佩。

☞每日新鲜：

农家面包，大蒜香肠，香肚和兰芹小奶酪，烤鱼，真正的巴伐利亚啤酒，优质葡萄酒和利口酒，这全部的美酒佳肴在**高地厨房**等候您的光临，兰加塞巷 1 号。

劳施［Rausch］的一幅壮丽风景画，不久前售价还是 60 弗里德里希金币[240]，如今只要 95 塔勒。

239　斯托尔威尔克，弗兰茨（Stollwerck, Franz 1815—1876）——出生于科隆的德国食品企业家。1839 年起经营面包房，19 世纪 40 年代时拥有一家糖果和巧克力工厂及两家咖啡馆。1847 年 1 月获得"普鲁士弗里德里希亲王法定供应商"头衔，其产品在 60 年代享誉欧洲。1900 年时，他的后代经营的斯托尔威尔克公司是美国第二大巧克力生产商。

240　弗里德里希金币（Friedrichsd'or），普鲁士的一种金币，以腓特烈大帝的名字命名，铸造和使用年代为 1741—1855 年。1 弗里德里希金币约合 5 塔勒。

供货商 G. 统格。

担保人 科尔夫[241]

威·克劳特承印 圣阿加塔街 12 号

编译主持：陈力丹
翻译：潘华
审读：夏琪、陈力丹
编辑：孙曌闻、陈力丹
版面绘制：孙曌闻
课题来源：四川大学专项课题"马克思《新莱茵报》编译与研究"

编译者简介：
陈力丹，四川大学讲席教授，中国人民大学荣誉一级教授。
潘华，成都外国语学院教授。
夏琪、孙曌闻，中国人民大学新闻学院博士生。

---

241 科尔夫，海尔曼（Korff, Hermann 1824—1882）——民主主义者。1847 年因政治信仰而被革除普鲁士军职。1848—1849 年为《新莱茵报》发行负责人，后流亡美国。

研究《新莱茵报》的意义及第 5 号报纸中文版说明

陈力丹

十几年前，我审读过一篇上万字的来稿，内容是研究恩格斯《反杜林论》里的传播思想。作者统计了这部 30 多万字的著作一共多少次提及"传播"的概念，并对每次使用这个概念的地方如何体现恩格斯的传播思想做了"论证"。作者忽略了自己面对的是《反杜林论》中文版，而不是德文原版。被翻译为中文"传播"一词的原词，有十来个不同的德文概念，既有名词也有动词，论述情境很不相同。我在评语里指出这一点后做退稿处理，因为此文毫无学术价值。这也就说明一个问题，即研究革命导师的新闻观，有时"抠字眼"是必要的，但必须回到他们使用的原著用词和本来的语言情境里才有一定的学术意义。根据中文译文来研究，不宜只引用几个字来论证问题，这几个字因为可能在原文里只是一个介词词组，不具有独立而完整的意思。

现在回到本文的主题"《新莱茵报》"。《新莱茵报》的创办既是马克思主义诞生以后，马克思和恩格斯第一次完整的新闻实践；又是实践中的马克思主义新闻观光荣传统的起点。然而，我国 2019 年以前研究《新莱茵报》的百篇文章（包括我本人此前写的文章），没有一篇是在阅读和研究《新莱茵报》原报的前提下写的，都是根据马克思和恩格斯发表在该报上的文章来谈它。我于 1979 年发表的那篇《最后一期〈新莱茵报〉》引用了该报编辑、诗人斐迪南·弗莱里格拉特和格奥尔格·维尔特发表在报纸上的作品，当时中国人民大学新闻系的老师特地写信问我在哪里找到的材料，因为除了《马克思恩格斯全集》收入了他们发表在该报上的文章外，谁也没有看过在该报上发表的其他作品。当时我也没有看过该报，而是从一本内部发行的介绍他们战友的译著里发现的。1981 年郑保卫的硕士论文是专门写《新莱茵报》的（我同年的硕士论文专门写《莱茵报》），他说他去中国人民大学图书馆翻看过报纸合订本，但完全看不懂。所以，他的论文没有根据翻阅报纸获得的任何信息。

时间过去 40 年，这种情形至今仍然没有变化。马克思和恩格斯发表在《新莱茵报》上的文章，中文版第二版《马克思恩格斯全集》到现在一卷也没有收录。我们看到他们发表在《新莱茵报》的文章，还是 60 年前根据俄译文转译的《马克思恩格斯全集》中文版第一版而来的，很不完整（大约是他们发表文章的一半多一点），其中还有一些差错（约八分之一的内容现在确认作者不是马克思和恩格斯）。

研究马克思主义新闻观，一定不能脱离作者发表新闻和时事评论的情境。例如发表在报纸上的位置、使用的不同字体和字号，以及发表时使用的各种符号（当时消息均为匿名发布，编辑部根据通讯员约定使用的代号来区分作者）、使用非主体文字的情形。而现在我看到的马克思和恩格斯发表在报纸上的文章，一旦脱离了报纸版面，就会失去文章以外的很多"版面语言"。但没有办法，因为没有人看过该报。换句话说，我国研究《新莱茵报》的文章，学术价值十分有限。

鉴于此，将《新莱茵报》原汁原味地用中文版呈现出来，意义重大，在学术上更是一种实实在在的创新。

本次对《新莱茵报》第 5 号的呈现属于试验性质。考虑到报纸特殊而无形的"版面语言"，我们遵循了"忠实再现报纸版面原貌"的原则。版面上的所有要素，标点和各种符号、长短粗细不同的线条，均按原样呈现，仅译文中"〔〕"标记里的汉字是我们加的，一般用于说明各版各栏的接续。

第 5 号头版头条通栏的"《新莱茵报》发行部启事"是马克思写的，从第 1 号至第 15 号每天都被置于报纸这个位置，后来进行了压缩，仍然继续安排在头版头条，持续到第 87 号。这体现了马克思的报纸经营思想。

《新莱茵报》把文学副刊置于头版下部，是为了活跃版面。副刊的小说、诗歌自然会有一定的倾向，但绝不是标语口号式的。第 5 号发表的是该报编辑、诗人维尔特写的总标题为"荷兰行"的三首诗。恩格斯谈到维尔特发表在《新莱茵报》的作品时写道："维尔特所擅长的地方，他超过海涅（因为他更健康和真诚），并且在德国文学中仅仅被歌德超过的地方，就在于表现自然的、健康的肉感和肉欲。假如我把《新莱茵报》的某些小品文转载在《社会民主党人报》上面，那么读者中间有很多人会大惊失色。但是我不打算这样做。然而我不能不指出，德国社会主义者也应当有一天公开地扔掉德国市侩的这种偏见，小市民的虚伪的羞怯心，其实这种羞怯心不过是用来掩盖秘密的猥亵言谈而已……终有一天，至少德国工人们会习惯于从容地谈论他们自己白天或夜间所做的事情，谈论那些自然的、必需的和非常惬意的事情，就像罗曼语①民族那样，就像荷马和柏拉图，贺雷西②和尤维纳利斯③那样，就像旧约全书和《新莱茵报》那样。"④ 40多年前，我就读到过恩格斯的这段话，但无法感受他论述的情境，因为我没有看到过维尔特发表在《新莱茵报》上的作品。恩格斯的目的在于提倡报纸的一种幽默的风格，包括挑战当时的禁欲主义。第5号的《荷兰行》的第二首诗，正是恩格斯所说的这种风格的典型。

我国的新闻传播业界，尚且不知道《新莱茵报》文学副刊开创的这一传统。如何继承《新莱茵报》这一传统，对我们来说至今仍是一种挑战，尽管恩格斯提出这个要求已经138年了。

在第5号中文版中，我们把已经收入《马克思恩格斯全集》中文第一版的恩格斯文章《战争的喜剧》移到了译文中，原则上不做改动。但由于原译文出版于1958年，那时没有书名号而使用引号，个别汉字使用的惯例（如象—像）、个别地名的翻译惯例（如什列斯维希－霍尔施坦—石勒苏益格－荷尔斯泰因）与现在不同的，均自动改为现在的统一样式，不再一一说明。

第5号德国栏第一条消息"＊科隆，6月14日"，现在确认作者是恩格斯。恩格斯谈到《新莱茵报》时说："这是革命的时期，在这种时候从事办日报的工作是一种乐趣。你会亲眼看到每一个字的作用，看到文章怎样像榴弹一样地打击敌人，看到打出去的炮弹怎样爆炸。"⑤ 他讲述的这些情形，不看具体的报纸文章和版面是难以体会的。我们在编译过程中，可以感受到恩格斯所描绘的报纸版面氛围。在第5号德国栏里，恩格斯的文章和报纸其他编辑、通讯员的文章，就是这样的风格：嬉笑怒骂，皆成文章，且具有深厚的人文底蕴。

第5号德国栏，还特别展现了被普鲁士、奥地利统治的各族人民对殖民统治的反抗，特别是波兰人民的反抗。第5号发表了较多的新闻，还刊登了波兰大主教写给普鲁士大臣的两封信，言辞温和，但要求尊重波兰人民立场的态度颇为坚定。我们注意到了第5号所有涉及波兰的原文用词（包括大主教的用词），翻译时颇为在意。因为被普鲁士统治的波兰部分，普鲁士原来称其为

---

① 指印欧语系罗曼语族，代表性语言是意大利语、法语、西班牙语、葡萄牙语和罗马尼亚语。
② 古罗马诗人（前65-8），写有许多短小精悍、脍炙人口的讽刺诗、抒情诗以及书信体文学作品。
③ 古罗马诗人（60-127），50岁以后写有很多讽刺诗，讽刺皇帝专制，官员对朝廷的谄媚和贵族的荒淫。
④ 马克思、恩格斯：《马克思恩格斯全集》第21卷，中共中央马克思恩格斯列宁斯大林编译局编译，人民出版社，1965年，第9页。
⑤ 马克思、恩格斯：《马克思恩格斯选集》第4卷，中共中央马克思恩格斯列宁斯大林编译局编译，人民出版社，2012年，第283页。

"波森大公国",由普鲁士国王兼任大公国大公,象征性地进行间接统治。由于1846年和1848年这个地区发生了波兰人民的起义,1848年被普鲁士改为波森省,这意味着普鲁士对波兰改为直接统治。波兰人民对此是不承认的,大主教的信件里使用的是波兰、波森大公国的概念,而没有使用"波森省"。这里的微妙之处,我们在翻译时予以了关注。这是翻译《新莱茵报》与现在德语翻译的不同之处,译者需要对马克思主编报纸时的基本观点十分熟悉,才能做出准确翻译。

第5号比利时和意大利栏的新闻,展现了这两个国家在1848年革命中激昂的舆论氛围,令读者仿佛身临其境。法国栏的新闻,把当时法国政界和新闻界的政治站队描绘得一清二楚。看到英国栏,我们既知道了《泰晤士报》的老板在说什么,又可以看到英国议会冠冕堂皇的议程。这是报纸新闻与版面结合而产生的传播效果,与学术论文不是同一种传播表达形态。《新莱茵报》虽然在科隆出版,但它显然是欧洲的报纸,甚至是世界的报纸。

以前我们在《马克思恩格斯全集》里看到过《新莱茵报》创刊号和终刊号头版的照片,但它的广告栏,我国的研究者很多都没有看到过。第5号的广告(第四版除英国栏新闻均为广告)不仅有涉及人民日常生活的分类广告(从服务性的科隆市民出生、死亡、结婚、水路航运、莱茵河水位、司法拍卖信息到餐厅、租房、啤酒、糕点、冰激凌、新书、风景画、寻人启事和寻狗广告),还有政治宣传、商贸会议等内容,1848年德国民情生活的风景线就在眼前。我们对广告部分的地名和涉及的商业人士尽可能做了注释,目的是展现报纸与社会的广泛关系。

我们在报纸译文前所配的版面示意图,展现了报纸内容的分布,新闻的国别,文学栏、广告栏与正版新闻栏的区分(双线以下属于个人署名的文学作品或编辑部不对内容负责的广告),广告的大体内容,以及马克思或恩格斯文章在报纸上的位置,等等。目的是让读者对报纸的版面有一个大体上的把握,以便读者理解报纸的版面语言。

报纸工作是在时间的机床上奔忙的。1848—1849年欧洲革命时期,各种突发事件频现,研究马克思的新闻观,不看原报版面,就难以感受当时新闻传播的特征。这里呈现的完整的《新莱茵报》第5号可以让我们窥见马克思办报的风采:坚定的革命立场和遵循新闻传播规律的专业化水平。

作者:陈力丹,四川大学讲席教授,中国人民大学荣誉一级教授。

课题来源:四川大学专项课题"马克思主编《新莱茵报》的编译与研究"。

二、新闻传播史论

西康省康属新闻事业的兴起、演进、个性特征与历史地位

王绿萍

内容摘要：西康省成立于1939年1月1日，省会康定。全省分为康属、宁属、雅属三个区域。三属的自然条件、人文环境各不相同，新闻事业各具特色。本文探讨的是康属的新闻事业。康属即今四川省甘孜藏族自治州，全境平均海拔4000米以上，气候恶劣，资源匮乏，当时交通困难、生产力低下。康属居民主要是藏族，信奉喇嘛教，宗教氛围浓厚，生活贫困，居住分散，甚至老死不相往来。属内实行政教合一的管理，喇嘛、头人是最高权威。在这样的社会里，人与人缺乏交流沟通，主客观都不具备产生新闻事业的条件和需求。然而康属在建省前后到1949年的时间里，却创办了55种报刊，主要集中在康定，同时也形成了一支新闻专业队伍和读者群，突显出新闻事业产生、发展的个性，并在中国新闻史上占有特殊的地位。

关键词：西康省康属　新闻事业　个性特征　历史地位

新闻事业是社会进步的表现。新闻事业发达程度体现出一个地区之文野程度。新闻事业的兴起与兴衰不是孤立现象，它与自然环境以及政治、经济、文化、教育、宗教等密切相关，并受其影响。探讨这种联系如何推动和影响新闻事业的发展变化，是研究新闻事业的重要手段和方法。因此，本文把对康属新闻事业的研究，放到了康属整个社会大环境中，全方位、多视角地探讨其中推动新闻事业发展变化的因素，及其演变的走向与个性。

康属新闻事业产生、发展的轨迹极为特殊，受到各种因素的制约，有自己的运行方式，表现在诸多方面。作者在20多年前，曾到康定做过调查，并访问了若干老报人，搜集了一些资料，如今把有关内容和对其思考整理出来形成本文。

研究康属新闻事业涉及一些基本的新闻理论问题，如形成新闻事业的基

础，新闻事业发展的动力，生产力水平，文化发达程度对新闻事业的影响，宗教信仰、风俗习惯对新闻事业的制约作用，等等。本文研究的时间范围，界定在从20世纪30年代到刘文辉起义的1949年，这是康属新闻事业从无到有，再到成长壮大的时期。

在系统探讨康属新闻事业之前，我们首先简要介绍康属概况，以便读者了解其客观与主观是否提供了新闻事业生存的空间与环境，是否具备构成新闻事业的条件。

西康建省较晚，于1939年1月1日正式建省，而且只存在了16年多的时间，除开中华人民共和国成立后的5年多，民国时期的西康省只存在了短暂的11年时间。西康省省会设在康属的康定。西康省分为康属、宁属、雅属三大区域，即今四川省的甘孜藏族自治州、凉山彝族自治州、雅安地区，另含攀枝花市和西藏阿里地区。其中康属面积最大，约15000平方公里，人口约79万，平均每平方公里约52人，绝大多数人口是藏族。

康属地区又称"康"，建省前是指四川省西北部广大地区，俗称"边地"，又有"西康""川边""康属""康区"等称谓，它不是一个行政区域，而是一个地理概念。康区的境域大体包括丹达山以东，大渡河以西，巴颜喀拉山以南，高黎贡山以北一带地方，整个地域为一大高原，称"西康高原"，这里是历史上所谓的"西番"的居住地。

康属在建省前没有报纸、杂志。据说到康定的一些西方传教士曾内部办过刊物。另据史书记载，清朝时为了传递公文、战报之类，也曾靠驿站、马匹来进行。

康属地区传播活动落后与迟缓，受自然和人文条件的影响很大，这种落后与迟缓制约了新闻事业的脚步，所以必须有强大外力作用或环境的大变化，才能催生新闻事业的诞生与成长。

在探析康属新闻事业之前，我们不妨先重温几个与新闻事业有关的理论问题。

什么是新闻。关于新闻的定义，中外有各种各样的解释。国外的不说，仅国内就有徐宝璜、黄天鹏、邵飘萍、李大钊、陆定一、胡乔木、范长江、王中、甘惜分等，各有论述，侧重点不同，但又有共同之处。现在人们较多沿用陆定一的阐述："新闻是新近发生的事实的报道。"也就是有了变动才有新闻产生，继而有报道。这就引出下面一个问题。

新闻的本源。指新闻的基本来源。新闻的本源是事实，是人在各种社会活动中发生的事实。没有事实便没有新闻。事实在前，是第一位的，是新闻的基础、根据；新闻在后，是第二位的。违反这一原则，即违反新闻规律。新闻必须尊重事实。

关于新闻的起源。新闻起源于客观事实变动的信息，这是通过人类的社会交往活动获得的，即社会交往是新闻传播活动发生和发展的基本原因。而人类的交往交流方式是复杂的，逐步进化的，没有交往的交流沟通，便没有新闻。

新闻活动是一种社会现象。新闻活动是人与人之间对新近发生的事实的信息，直接或借助新闻媒介进行的相互传播。新闻活动的繁杂程度及方式，取决于社会生产力的发达程度，它直接影响新闻活动的内容和方式的变化。

新闻传播。这是人际间通过新闻媒介使信息相互传播的过程。信息、传播者、受众是构成新闻传播必不可少的基本因素。只有具备了这些条件，新闻传播才能完成。新闻传播的广泛性、深刻性、有效性受社会制度、传播体制及社会生产力水平的制约。发达的生产力可提供有效的传播媒介和优秀的传播者与广泛的受众。

新闻欲。这是指人类对知晓社会、自然界新近变化的信息的欲望，是人类社会发展的必然产物，也是新闻传播活动产生的根本原因。

弄清了以上问题，再对照康属的自然环境、历史过程、社会状况、生活习俗、精神面貌等来审视康属新闻事业，我们才能有一个准确、明晰的认知。

一、特殊的地理环境与恶劣复杂的气候对人的影响

康属地区的地形地貌和气候极为特殊，人类生存困难。

西康高原海拔在 3000 米以上的地方占土地面积的 93%～94%，3000 米以下的峡谷仅占土地面积的 6%～7%，山谷盘错，地形复杂。西康高原北部是唐古拉山，与青海高原相连；西部是西藏高原；东部是邛崃山脉。西康高原东南部即雅属；南部是宁属地区，并与缅甸、印度相接。西康高原地质大部分属砂岩；间有树条形直立岩层，形成连峰，走势自北向南，地质学称之为横断山脉。境内还多高山，著名的有木雅贡嘎山，海拔 7500 米以上，其上部终年积雪不化。与其相连的雪峰有 7 座，海拔也都在 6000 米以上。西康高原上即使是草原之地，海拔也在 3200 米至 4800 米。被称为浅谷农地的地方，实际并不浅，海拔也在 3000 米以上，只有峡谷之地约在 3000 米以下，而其中十之七八是绝壁，呈垂直状态，故西康高原的特点是含有众多峡谷之高原。在这些高山峡谷中，也有平原地带。康属最大的平原是巴塘平原，面积约 1000 平方公里，海拔在 2600 米至 3000 米之间，地势开阔平坦。康属还有甘孜平原、石渠平

原、祝庆平原等，面积都很小，仅数平方公里，而且离雪线近，不适合人类活动。

由于西康地势南低北高，所以水流均平行向南。从东向西数有大渡河、雅砻江、金沙江、澜沧江、怒江、雅鲁藏布江，都是康属和西康省内的大江河，有的汇入长江、黄河，有的越境入海。这些河流在未出高原前，流速平缓，随着地势落差的增大，急流飞瀑势不可挡，凿山开道把高原雕成裂罅，其最大落差在 4000 米至 5000 米之间，海拔愈高则河谷愈深，而恶劣的气候又给人们增加了生存难度。

康属的气温平均低于同纬度之海面 17 摄氏度左右，绝大部分土地是不能耕种的草原。西康高原的躯干部分，则属于大陆性气候，昼夜温差大，夏季白天气温可高达 30 摄氏度，夜间则降至零下 10 摄氏度。冬季寒冷，土壤冻结达 1 米多，朔风长号，万物绝迹，常年气温在零下 10 摄氏度以上。总的来说，气温随着峡谷高度不同而变化，南北向者温和，东西向者寒冷。有人曾将这种气候总结为：高原以昼夜为冬夏，河谷因纵横判冷暖。坡坨随高下定温差，山岭以阴阳判寒燠。

康属雪多于雨。雨多下在河谷地，河谷愈深，降雨愈多，这是谷深云层高厚所致。康属气候还有一种奇特现象，就是秋季多冰雹，并易造成灾害。地势愈高的地方，雹灾愈严重，甘孜县境内最严重。峡谷和森林则无冰雹，平坦地方更少。康属气候各地差异明显，与其地形复杂有直接关系。

康属先天的地理与气候不利条件，为人类生存制造了种种障碍，直接影响了农业生产，也使这里成了"不毛之地"。土地贫瘠，农作物品种也就稀少，主要是青稞、玉米、土豆之类。畜牧业则多见于海拔 4000 米左右的有限的草原地带。森林中盛产药材，当地人可以狩猎，增加副业收入；但藏族人笃信宗教，把很多山脉、湖泊视为神山圣湖，禁止生产活动，因此农牧业只处于自给状态。矿产资源方面，金、银、铜、铁、锑、煤、云母等皆有，均不丰，难以形成规模。总的来说，康属尚处在游牧时代和初期农业经济之中。

至于交通，更加落后，人们出行非常困难，俗话说"蜀道难，难于上青天"，而在康属，交通恐怕比"上青天"还要难数十上百倍。

康属的交通以康定为中心，当时人们称由康定到西康省其他各处或至西藏的行为叫出关，由西康省各地或由西藏到康属康定则叫入关。出关西藏分南北两路，南路由康定出南门，越折多山，过雅砻江，循理化、巴塘等地至昌都、拉萨，此为清时入藏官道。北路亦出康定南门，越折多山后，与南路分道，至道孚，经炉霍、甘孜、德格，而达昌都至拉萨，是经商的捷径。

但是，西康全境大山环峙，道路崎岖，往来全靠牛马骡，沿途人烟稀少，行客经常野外露宿，还时有人马颠簸至坠崖落水，人畜亡命更是在所难免。另外途中还有夹坝①出没，拦路抢劫，商旅往来全无安全保障，常大批结队而行，牛马骡可达数百匹，故行动迟缓。一般行人往来，有马脚子②、滑竿、挑夫、背夫同行，行路之难非同一般。当时西康流行一首《四季月令歌》："正二三雪封山，四五六淋得哭，七八九正好走，十冬腊学狗爬。"这说明一年四季只有七八九三个月较适合出行，但仍然相当艰难。

清朝时，南北两路公文来往均由各地土司派遣民夫传递，按站换马。清末赵尔丰经边时，南路沿途设台站旅店，由康定至巴塘共设 30 处。北路由康定至道孚，设台站 13 处。每站派兵二名，马二匹，虽方便了公文传递，但无法改变信息传送迟缓的情况。

二、康属"番民"的宗教、习俗、教育与社会结构

康属是一个多民族地区，居民中有汉族、满族、蒙古族、回族、藏族。各民族都有自己的文化、习俗和信仰。

西康的历史可追溯到久远时期，旧石器时代就有人类居住，西康古为西羌地。"西番"是康属的土著，据学者任乃强在《西康图经·民俗篇》中记述："非汉族，亦非藏族也，盖羌之遗裔。"早在周、秦之时，南苗西迁，北苗南徙，相会于西康高原，他们是同源之族，语言、习俗等相近，经过长期交往融合而成新族群，被近世学者称为"西番"，实际是羌、苗二族混合后的民族，为生活在西康高原的少数民族。

西番根据地形曾建立过若干小国家。其时吐蕃在藏地兴起，公元 618 年，松赞干布统一西藏各部落，正式建立吐蕃王朝，进行各种改革，确立文字，制定法律，逐渐强大起来，公元 670 年吐蕃灭吐谷浑，在西域与唐朝长期角逐，统治西域达二百多年。自此以后，人称羌族与吐蕃同为藏族，统称为"番"。其实藏、羌、西番各不相同，西番可混入羌，而不可混入藏。也就是说西番民族与西藏民族是不同的。为了区别，人们称丹达山以西民族为藏巴，又称土伯特，丹达山以东民族为康巴。康巴即西番，又称康番，国人常笼统地称之为藏族。其实康巴与藏巴不一样。康巴与藏巴通过喇嘛教而联系起来，并难以

---

① 夹坝：藏语，指劫匪。
② 马脚子：指康定以东用于运输之牲畜，体态小，却能负重。

分舍。

康番或西番、康巴，其实是一个总称，其内部因地域不同，又有卡拉米、木雅娃、俄洛娃、理塘娃、乡城娃、三岩娃、乍丫娃、德格娃、杂巴、狢巴、猰㺢等不同称谓。康番分布地域约占西康高原面积98％。据调查，20世纪30年代初，西康全域番民约68.2万。

番民体格健壮，有抵抗恶劣自然环境的能力，其最大美德是坚忍。他们食粗粝，衣皮毛，吃苦耐劳。常往来于冰天雪地之中，风餐露宿，仍高歌欢唱。尤其牛厂娃（牧民）居无定所，生活艰苦，仍无忧无虑、对事持之以恒。另外康番初离部落时代时，民风大多犷悍，在康南地方，如稻城、得荣、理塘、道孚、白玉、新龙、石渠等地，无论男女老幼，腰间均挂小刀。男子外出，横刀跨马，赳赳可畏，即使喇嘛也不例外。康番因信奉佛教，又因深居高山峡谷，几乎与外界隔绝，长期受土司统治，故一般人之道德观念只奉本酋长土司之命，过简单生活，其他无不遵循佛教的教诲，诵经祈福，心仁醇厚，一些风俗习惯仍保留着部落时代的痕迹。

西番信仰喇嘛教，即藏传佛教。佛教大规模传入，始于松赞干布建立的吐蕃王朝，但在此之前，藏民族在青藏高原曾创造了一个辉煌文明，就是古象雄文明，又称"苯教"。

番民诵咒"唵、嘛、呢、叭、咪、吽"六字，称六字真言，其古意已模糊，按梵文翻译可为："神圣呵！红莲花上的宝珠，吉祥。"在当地到处可见这六字印于经幡、牧帐，刻于石块、摩崖。在佛堂、佛殿周围以及寺院的嘛呢轮，信徒们手上的转经筒，都刻有六字真言。人们以此六字祈福消灾，净化心灵，六字真言是信徒们的精神支柱。喇嘛活佛则在信徒心中是佛的化身，故而受到崇拜。

除此之外，朝拜神山圣湖，是番民经常性的宗教活动，藉此诉求神的谅解和宽恕，洗去罪孽，在轮回中免受地狱之苦。有的信徒磕着长头行进，全是信仰的力量使然。

在宗教意识笼罩下，当时的番民有些令人难以理解的习俗。任乃强在《西康图经·民俗篇》中描述说："番人不习洗澡，体垢厚积，俾自落之，肱胫斑驳如蛇鳞，不觉其痒，已习惯使然也。"之所以不洗澡，是因为怕福运会随污垢而去。一般中户人家住碉楼内，通常有三层，但只有一道门。门内即最下层，是牛马牲畜所在，牛马粪尿任其堆积。任乃强形容说："人行其间，如履败絮"，而人便溺也在这里。一层有一道独木梯到二层，是生活区。三层是经堂。

西康社会主要由喇嘛、呼图克图、土司及头人、平民和奴仆组成,他们之间界限分明。喇嘛的宗教地位至高无上,是最有权威者,有左右社会的能力。呼图克图也拥有特权。土司也是具有权威者,土地、牧场均归其所有。

平民占人口大多数,受土司、头人剥削,无任何权利。奴仆,即奴隶,世世代代不得翻身,永远是主人的私有财产,生杀去留、婚配等莫不由主人定夺。他们从土司那里分得土地或牧场,耕种放牧,但必须承担繁重的差役和粮税,此称"吃庄房",承耕者称"庄房娃"。庄房娃往往辛苦一年,收成还不足交差粮。奴仆处在社会最底层。另外还有牛厂娃、驮脚娃、小娃子,都是被奴役者。

牛厂娃赶着牛羊逐草迁徙,居无定所,一年到头漂泊。驮脚娃是指为官府、商家、喇嘛、寺庙营运货物者,风餐露宿,收入甚微。小娃子与奴仆、奴婢是同义词,他们在僧官、土司、头人家中劳作。家中愈富者小娃子愈多,最多可达百余人,他们服侍主人的饮食起居,为主人奔走办事,保卫主人。他们的子女仍为小娃子。

康属处于奴隶社会状态,实行政教合一的统治。土司是奴隶主,掌握对奴隶的生杀大权,刑罚也极其残酷,百姓无自治之力。改土归流后,土司制度被消灭,但民众由于组织观念淡薄,家庭结构简单,所以部落、社会之事多自然结合,并无严密的组织机构。人们因居住分散,交通不便,彼此罕有往来。康属有村的存在,但多只有几户人家。数小村为一大村,数大村为一小部,若干小部为一大部,有上千户,便形成了城镇,城镇多位于交通方便之地,这就算是行政单位了。村、小部、大部、城镇分别由鄂巴、碟巴、宗本、土司管辖。在牧地,牧民流动性大,基本不知所属。

在教育方面,康属原先只有满足宗教需要的寺庙教育。男子约三分之二在七八岁时入寺庙为僧伽,习教义、读藏文至十余岁,便步行赴藏,投寺庙习佛学,三年后回籍充当喇嘛。有的学习十余年而归。20世纪初,清廷搞维新,废科举办新学,对康属施行强迫教育。后赵尔丰经康,办小学堂,但是番民视读书为差役,雇汉人代替上学,所以办学效果不佳,日久便不了了之,故有人说康属"五明①以外无学术,寺庙以外无学校,喇嘛以外无教育"。

康属恶劣的自然条件制约着经济发展,番民每天生活在劳作果腹状态下和

---

① 五明:有大小之分。大五明指工巧明(工艺学)、医方明(医学)、声明(声律学)、因明(逻辑学)、内明(佛学)。小五明指修辞学、辞藻学、韵律学、戏剧学、星相学。在当地,佛学院称五明学院,也称五明佛学院。

宗教氛围中，对外部世界无动于衷，拒绝接受一切新事物。人们日复一日，年复一年，过着简单的、按部就班的生活，终日诵经祈福，沉浸在佛的灵国里。这种坚定的信仰和文化传统是顽固的，人们几乎不可能自觉地接受先进的文化和文明。

康属就是这样的社会。在这里生活的人，孤独地蜗居在封闭状态下，没有了解自然界和人类社会变化的欲望，也排斥与外界的一切交往活动，过着自给而简单的生活。新闻教育家、理论家王中对新闻事业的发展规律有很多论述，他说："报纸的产生，不是由某个人创造出来的，而是由于社会的需要。"他又说："报纸是一定社会的产物，它决定于社会的需要，而不决定于办报人。""所谓社会产物，是指人类社会发展到一定历史时期，人和周围的制约关系紧密到一定程度，就迫切需要了解周围事变，随着这种需要的强度与广度，决定了新闻事业的产生。"[①] 而康属番民在他们所处的社会条件下，对身外事物的变动漠不关心，既无了解的需要，也无了解的欲望，所以很难想象现代社会的报纸能在这样的土壤里自然产生。尽管如此，人类社会总是存在联系、交往的，总会有沟通消息的需要，这里潜藏着新闻媒介生长的元素，只是需要长期的积淀和外力的碰撞，才会首先在人口相对密集和发展较快的城市中出现。这是康属新闻事业发展的特殊性所在。

探讨康属社会发展中的历史积淀和外力影响，如何催生新闻事业的成长，对新闻史研究无疑有着重要价值。我们不妨先简单追溯一下康属社会的历史。

三、战争、社会改革、传教士改变了康属封闭状态

康属原隶属四川，俗称"川边"，长期以来是一块多事之地，历史上曾发生过无数次大大小小的战争，导致这里虽封闭却不平静。明末清初，四川连年战争，亦涉及川边。明崇祯年间，张献忠先后五次入川作战，杀人抢掠，导致生灵涂炭，最后他在成都建立大西农民政权，并在川西北少数民族地区建立基层政权组织，委派官员。清康熙十二年（1673年），吴三桂武装叛乱，次年吴军入川，四川成为其与清军作战的主战场，战争激烈残酷，持续八年之久，造成了严重的经济破坏和社会动荡。

乾隆时期，康属处于多事之秋，这里曾发生平定大小金川等战役。之后又连发事端，瞻对（新龙）土司鼓动藏民抢劫行旅，连进出当地的清兵也不放

---

① 王中：《王中文集》，复旦大学出版社，2004年，第12、13、29页。

过。此外，还有土司不服管辖，互相厮杀，迫使清政府出兵的情况。乾隆三十六年（1771年）再次爆发了平定两金川的战役，共历时三年。为加强对两金川的管理，清政府在大金川驻兵军事管制。这次战争之后，乾隆为安抚土司，于是允许土司头目进京朝贺、瞻仰、参观，并形成制度。这样一来，朝廷扩大了土司们的视野，增长了他们的见识，对他们是很好的教育，一定程度上维护了边疆的稳定。

战争给社会既带来了破坏，同时也带来了变化，促使大交流、大融合。由于战争会造成土地荒芜，人口锐减，还可能暴发瘟疫，所以清政府曾鼓励各省的人入川开垦，出现了"湖广填四川"的盛况。另外，战后有不少清兵留在当地，从事垦殖。而大规模兵屯是在平定两金川之后的乾隆时期，驻大小金川的清兵就地屯田，授地耕种，并允许兵丁携眷，也有不少兵丁娶番为妻，从而长期扎根川边。这样就使社会逐渐安定下来，也加速了汉藏人民间生活习俗和经济文化的交流，增进了民族间的融合，突破了边地的封闭状态。

明末清初战乱不断，清廷迫切需要四川的战事平息下来，使社会安定、生产恢复、政权巩固，于是对土司采取了一系列政策，但未能完全把土司控制住。土司间的争斗始终不绝，有的还抗拒赋税，甚至公开叛乱。土司对番民的残酷压迫剥削，也使阶级矛盾更加尖锐，对清王朝造成威胁，所以清廷对土司实行了"改土归流"。

"土"指土司，即少数民族地方的首领、统治者，一般都由大农奴主担任，并可世袭。土司就是当地的"土皇帝"，拥有极大的权力。康属土司与上层喇嘛沆瀣一气，惯于抵制清政府管辖。土司势力膨胀，抗拒粮赋，唆使民众或夹坝抢掠行人和商旅，造成社会恐慌，使生产遭到破坏。这些都说明了土司制度的严重弊端，必须加以改革，于是清政府在康属废除世袭的土官，改设可以由中央政府直接任命、调动的官员，实行与内地相同的地方行政制度。"流"即指流官，流官没有世袭权。清朝经过几代的改革，才剥夺了土司的世袭权，把川边直接纳入中央政府统治下，政府派遣的流官取代了土司。

改革是一项艰巨复杂的工程，会有多次反复。20世纪初，英俄两国对我国西藏地区激烈争夺，加剧了这一地区的紧张局势，喇嘛与土司乘机发动暴乱，反对清政府。可见改土归流打击了土司的权威，但未触动其根本，各土司属地依旧俨然是独立的"王国"。

1904年年底，清政府任命凤全为驻藏帮办大臣，处理川边事务。1905年2月凤全在巴塘被杀，川建昌道尹赵尔丰到巴塘处理此事，同时设立川滇边务处。清政府任命赵尔丰为川滇边务大臣，他大刀阔斧地再次对川边进行改土归流。这次大规模行动，基本瓦解了土司制，清除了边乱，并制定了经营川边的计划，包括练兵、屯垦、兴修水利、开矿、办学等，对川边的发展起到了积极作用。

改土归流具有强制性，既是政治制度上的变革，又是对生产力的解放，它使康属由奴隶制向封建地主制过渡。同时，随着经边措施的推行，大量汉族人流入康属，并带来了内地的农业技术、生产生活方式，有的经商，有的发展手工业，传播了手工技术，还有不少汉族人与藏族人通婚。这样的交流与融合潜移默化，促使康属社会不断发生变化，既让番民看到了新的事物，又改变了边地的封闭状态，人们旧的观念和生活习俗也在慢慢解体。清政府几次改土归流，既是历史的必然，也适应了社会的需要，总之是明智的举措。经过改土归流的西康社会，再不是完全封闭的王国。改土归流为以后西康的治理、社会的进步打下基础，而康定首先成为变化的中心。

另外，鸦片战争后，国门被打开，各种不平等条约使外国传教活动受到保护，外国传教士很快渗透到全国各地包括边远山区，一定程度上也带来了西方文明。

早在1857年，法国传教士古尔德就扮成商人潜入康属，在康定购地建教堂、医院、学校，又把主教区从清溪（今汉源）迁到康定。据统计，1909年年末，四川全省有法、德、英、美等国传教士511人[1]，而且深入边地。在打箭炉（康定）、巴塘、理塘、炉霍等地，人们都能看到十字架的踪影。康定还建有真源堂、修道院、安息会、福音堂、天主堂。

在修道院和安息会里，还建有医院，康定人称安息会医生为"安洋人"。这些"安洋人"还擅长木工，制作了一部木质水车，安装在安息会医院内，利用子耳坡山溪水经水桥子至水车处，约有2米落差，以皮带传动，带动了一台丹麦制造的发电机，安有电流表、电压表、开关等简单配电板，并搭建木板房将其护住，专供医院数十盏电灯照明用电。1926年，当人们第一次点亮电灯，几乎全康定的人都惊动了，参观者络绎不绝，无不感到惊奇。因为自古以来，这里的人只知酥油、松香、火把可以照明，电灯照明是开天辟地第一回。

这些现代文明和先进技术，改变了当地人的生活和精神面貌。如在泸定、巴安（塘）、康定一带，土地肥沃，气候温和，适合耕种。天主教堂在此购地开垦，雇人耕种，收获颇丰。任乃强于民国十九年（1930年）在《西康札记》中记载，泸定县百分之九十以上的土地是天主堂耕地，每年可收租2000担，

---

[1] 隗瀛涛等：《四川近代史》，四川省社会科学院出版社，1985年，第107页。

除供该县教堂外，还可供康属各县教堂。在康定，从县城至榆林宫长30余里之河谷，皆天主堂用银3000余两向明正土司购得，招人领耕。康定天主堂直属罗马教皇，势力很大，设有医院，很受欢迎。还办有孤儿院、拉丁文学校、康化学校、蜂场、果园、花畦、菜园。这些传教士都精通藏语、藏文，经常出入康属，与康属人交谈，他们了解康属民风、物产、地理地貌，还绘制了地图。

当地还有洋人进行传教的福音堂，但本地人信仰者少，福音堂仅成为英美探险者的栖息之所。20世纪20年代，美国地质学家洛克曾带领24人到康属采集植物、矿物标本、考察地质、拍摄照片。还有印度商人与一些以传教士名义来到康定的外国人，秘密考察茶业行情。这些外国人，无论以什么身份在康属活动，都使当地居民感到新奇。

除了战争、改土归流和传教士传教，康属社会在民国以后还面临更多更大的冲击。

民国元年（1912年），西藏上层集团在英帝国主义纵容下武装叛乱，企图将西藏从我国分裂出去。叛军进攻川边，逼近康定，形势危急。7月，四川军政府都督尹昌衡率数千兵力西征平叛，取得胜利，维护了国家统一，并留在康属一年有余，在康定设镇抚府，分管民政、财政、教育、实业四司，以控制和建设川边，扩大了康属与内地的交流。

民国十四年（1925年），二十三军军长刘成勋任西康屯垦使，入康治理，成立了教育厅，并在雅安设士学馆，打造边务人才，整顿西康教育。民国十六年（1927年），二十四军军长刘文辉入驻西康，成立西康特区政务委员会。他十分重视教育，创办川康边防总指挥部成区第一期教育行政人员训练班及西康师范传习所，恢复各县原有学校，通令各县设立官话学校。民国二十四年（1935年）春，西康建省委员会在雅安成立，后迁往康定。委员会内设教育科，办师范学校，培训师资，在各县设立普通小学及义务短期小学，并设立藏族小学，还设立了康定民众教育馆，推行社会教育，形成了西康原有寺庙教育与普通教育并存的局面。许多当地人视教育为当差，因此顶替雇读之风不绝，可见当时此地的教育仍处在蒙昧阶段，但又可以看到新式教育在康属的萌芽和前途。

同时，在汉族人相对集中的城镇、矿区，出现了各类社会团体。民间其他各类社团名目繁多，有农会、工会、商联会、教育会、警察学会、财政学会、行政研究会、同学会等。这些团体分布在汉族人的各行各业中，加强了人与人、个人与集体、集体与集体间的相互联系和相互沟通，并在康属的社会生活和各项建设中发挥着作用，完全改变了人们与世隔绝的孤立的生活模式。

战乱、改革、传教以及民国后发生的各种新鲜事，对康属地区而言都属于外力不断作用，对人们思想观念的影响如细雨润无声。人们对新闻媒介的需求正在积累、储存、孕育，但报纸和杂志的出现，还需要更强大的外力助推。

四、抗日战争、西康建省是康属新闻事业产生的催生剂

抗日战争、西康建省是康属新闻事业产生的催生剂，为其创造了条件，直接为新闻媒介提供了产生和发展的契机，并使康属新闻事业的演进呈现出个性。

抗日战争是中国人民反侵略的伟大战争，全民族充分动员，团结一致，保家卫国。处在边地的人民也不例外，抗日救亡、支援前线、投笔从戎，成为人们生活的第一要务，边地空前活跃起来。

康定离四川省会成都只有四百多公里。抗战时期，成都是后方，很多机关、学校、企业等单位内迁到此，是当时除陪都重庆之外的四川省第一大城市，人才济济，信息源丰富，带动了许多周边城市的发展。康定则是后方的后方，更是远离前线，这里看不见硝烟，也听不到日机的轰炸声。许多的外地人来到康定，带来了内地文化、新知识和大量外界消息。一些外来人士在康定从事抗日宣传活动，也有许多边地青年走出去，到内地学习、工作，其中有些人增长了才干后，又回到家乡，从事教书、机关工作及其他各项建设工作。总之，迎来送往，康定这座边地小城变得热闹非凡。抗日救亡的呼声打破了原来人们平静的生活，让这块沉闷孤寂的地方忙碌起来，人们的生活方式和精神面貌迅速改变。还有许多名人、学者、艺术家来到康定讲学，举办摄影、美术、书法展览，表演戏剧、歌舞，宣传抗日。如著名画家张大千、吴作人、叶浅予、丰中铁，舞蹈家戴爱莲，川剧艺术家陈书舫，都到过康定。当时新闻界的中央社刘尊棋，塔斯社罗果夫、舒宗侨、司克沃采夫，成都《华西日报》《新新新闻》记者等，都曾到康定调查、采访。重庆《大公报》在康定设有代办处，《新蜀报》驻有记者。以学校为主的抗日歌咏队、晨呼队、宣讲队、募捐队，活跃在大街小巷，人们的爱国思想、抗日救亡情绪、民族振兴愿望逐渐增强。人口的增加，生活的多样化，使康定从此不再冷清，一切都在发展进步，城市充满了激情和活力。

自抗日战争爆发以来，康定人口不断增加，许多人从东北各地，河南省，北平、南京、武汉等沦陷区逃到康定。西康省建立后，省会设在康定，集党、

政、军、警于一地，公务员多了，军营多了，学校多了，学生多了，商人多了。城隍庙、三圣祠、川王宫、五福堂都被利用起来，人们把学校安置其中。学生是最敏感的群体，有激情，是一支能使一个地方活跃起来的重要力量。加上大小商家，从陕西、山西、湖南、广东、四川各地背负肩挑货物来到康定，也有当地人贩卖牲畜、山货、药材，到各锅庄①和街头经营，使商业繁盛。还有各类工匠、手工业者蜂拥而至。另外，康定不少在外的学子返乡，投入家乡的抗日活动。上述各类人群带来了各地的新闻，增进了康属对外面的了解，极大地推动了康属的抗日运动，康定不再封闭。

大量的事实向我们展示了边城人民爱国、爱家乡、坚决抗战的图景，这股力量使边地发生了天翻地覆的变化，人们养成了关心国家大事的习惯。当时一家上海商店的老板，有一部直流收音机，他把它放在商品架上，每天傍晚，人们便挤在商店门前，听新闻广播，然后在街头巷尾、茶房酒肆议论纷纷。抗日主导了人们的生活，人们也把自己的命运与国家的命运紧密相连。抗战精神、抗战文化、抗战价值观，迅速改变了人们的精神面貌。人们对信息的渴望，以及日渐复杂的外部交流，为报刊的出现、成长创造了良机。

西康建省经过了漫长过程，终于在1939年元旦完成，这是抗日战争中的大事。如果说抗战把康属人民动员了起来，与全国人民一道站在抗日救亡的旗帜下，那么建省则为康属提供了政治、经济、文化、教育等大发展的机遇，使康属从此大踏步向前。

建省给康属带来的变化，主要体现在省会康定的变化上。康定原来是边地小城，因地理位置、自然环境优越，形成了交通要道，成为边地农畜商品的集散地。加之康定与成都有着极其密切的联系，且抗日战争更加强了这种联系，康定与外界交流倍增，由此迅速繁荣起来。

康定在清末民初仅有五六千人口，除藏族、回族，多是内地川北地区，雅安、汉源、荥经以及陕西、山西、江西、云南等省到康定经商、打工、挖矿的人。康定成为省会后，城市地位大幅提高了，吸引了大批知识青年来这里奉献他们的聪明才智。

西康建省后，康定组建了康裕公司，集中力量办水电厂，作为发展经济的先锋，经过几年努力，大升航电厂建成并通水发电。电力的发展，不仅改善了

---

① 锅庄是藏汉间商贸活动的中介场所，并有客栈、货栈、饲养马匹的功能。锅庄的主人为藏族人，通汉语，熟悉商品情况，所以充当中介人，在藏汉商人间协调洽谈，促成交易，从中获得"退头"（佣金），对促进地区商贸发展有积极作用。

人们的生活，也推动了整个康定城向着现代化城市迈进。这里的人从看拉洋片开始，到看无声电影，再到有声电影，还接触到了各类书籍。商务印书馆在康定设有营业部，生活书店的进步书籍也在此大量发行，给人们送来了精神食粮。一些大学的学者、教授也来康定讲学、调研，如四川大学的任乃强、彭云生、冯汉骥，燕京大学的林耀华，金陵大学的蒋旨昂，华西大学的李安宅等。其中任乃强多次到康属，写出了《西康图经·民俗篇》《西康图经·地文篇》《西康图经·境域篇》《西康札记》四部专著。这些人的到来，使康定的文化氛围浓厚起来，提高了康定人的文化素质，增长了康定人的见识，也使他们看到了外面精彩的世界。康定的学校有小学、中学、师范校以及各种培训班，培养了不少新型人才。中共地下党人、民盟以及进步人士，也活跃在这里。康定城不仅是康属政治、经济中心，也是人们精神生活的中心。康定的繁荣、开放与包容，使人们对信息的需求增强了，信息在人们的生活中已不可或缺。

五、康定城的发展成就了新闻事业

城市是人类文明发展的产物，是一个地区政治、经济和人民精神生活的中心。

抗日战争、西康建省改变了康定的发展进程。康定从一个边地小镇成为西康省首府，变化巨大、影响巨大。康定已从康属地域性中心，向西康省中心转变，在国内知名度也提升了。康定不仅城市人口增长，地域扩大，经济繁荣，文化丰富，人们生活方式改变，更重要的是城市功能性质转变，更加多元化，突显出政治功能。政治成为城市兴衰的重要因素，新闻事业必将在这样的城市落地生根。

城市是新闻事业的摇篮。整个康属地区，由于自然条件等原因，人们长期生活在生产力极低下及分散、流动的环境中，彼此缺乏交往，这种状态持续而漫长，因此长期未能聚集人口而促进真正城市的出现。康定由于地理位置优越，有北南两条大道与西藏、青海相通，东与成都连接，所以自然很快形成商贸集散地，人口也随之增多。但在古代由于政教合一的社会制度，广大康属人民处在奴隶主与宗教势力的控制下，社会发展受到诸多制约，康定很难成为实际意义上的城市，因此必须有其他力量的推动。抗日战争与西康建省就起到了这样的作用，决定了康定城的快速发展。

古为羌地的康定，在三国蜀汉时期称"打箭炉"，唐宋时属吐蕃，元代置宣抚司，明代置明正长河西鱼通宁远宣慰司（简称明正土司）。清康熙四十年

(1701年），清军进入四川西部高原地区，又在康定恢复原来建置，称"西炉"。雍正时大力推行"改土归流"，废除土司制，雍正七年（1729年）改制打箭炉厅，隶属雅州府。到光绪三十年（1904年），打箭炉厅升为打箭炉直隶厅，光绪三十四年（1908年）又升为府，改名康定府，府治即今康定城。民国时期，康定府改为康定县，其后四川进入军阀防区制时期，形成割据局面，直到1933年"二刘大战"结束，刘文辉败退西康属区，防区制才瓦解，这时由刘文辉开始经营川边。1935年国民党中央军入川，国民政府在四川推行行政督察区制，建立西康行政督察区，设专员公署于康定县。同年，筹建西康省，设立西康建省委员会于雅安，次年迁康定县。1939年建省时，康定县升为市，为省会所在地，又为西康省第一行政督察区专员公署所在地，可见康定历来都是政治、军事要地。

在1938年4月1日出版的《新西康》创刊号中，刊有王业鸿的一篇文章《康定概况》，介绍了康定的自然与社会情况，文中说："康定位于丛山之中，当东经101°56′25″，北纬30°2′57″，高山海拔2560米，四面环山，泸河（即折多河）贯流其中，市民居于河之两岸，背山面水。城东北为郭达山，东南为跑马山，西北为子耳坡，皆人迹不多，登峰之大山也。县西则有折多、高日两横断山脉，以为县西两大屏障。全县汉康人口合计不过二万余丁口。"该文又介绍说："康定为西康省会，机关林立，行政有西康建省委员会、康定县政府、财政局、矿务局、西康省银行、川康边防总指挥部、136师师部、西康民团整理处、西康第一区民团指挥部、西康禁烟办事处、省会警察局筹备处等机关。"这说明康定已成为政、军要地，公职人员自然增加，还有师部、城防司令部、省会警察局官兵驻扎。这一切都使康定城市结构和社会面貌变化突出而迅速，方方面面都获得了长足进步。虽然宗教信仰氛围依然浓重，但已不能阻挡人们对现代文明的渴望。对康定来说，城市变化的政治、军事意义大于经济意义。

由上可见，无论行政区划如何变更，康定始终处于地区政治中心的位置。而且川边历次发生的叛乱，清兵前往平定；以及尹昌衡西征，均要经过或驻扎康定，这就把城市置于统治者的管理与控制下，使城市复杂化。人们逐渐向城市聚集，随着机关、团体、学校出现，人的思想意识、价值观也在改变，社会生活多样化，这正是新闻事业生存的最佳环境。因为在人口集中且流动量大、商业发达、交通便利的城市，人们彼此交流频繁，容易产生新闻，人们对新闻通讯的需求也日益强烈，于是，作为传播新闻的载体的报纸、杂志应运而生。这是新闻、新闻事业产生的基本规律。西康建省后，康定完全具备了这些条件，而且已经拥有办报的人力、物力、财力，因而迅速成为康属的新闻中心。

对康定来说，可谓是政治成就了一座城市，城市推动了新闻事业，而归根结底政治是原动力。这时候，人们仿佛已经听到了报刊脉搏的跳动，和其姗姗走来的脚步声，报刊呼之欲出。在抗日战争和西康建省过程中，报刊陆续出现，以适应多元城市人们对信息的需求，如《西康公报》《康定通讯》《戍声周报》《西康建省委员会公报》《西康建省委员会工作报告》《西康新闻》《新西康》《康导月刊》等。这种进步，是前面所有因素积累和相互作用的结果。这也印证了新闻事业发展的一般规律，即报刊首先在发达城市中出现，因为发达城市具备充分的信息源和广泛的接收信息群体，也有信息传播的条件和能力，优越的环境必定孕育出标志着文明的新闻媒介。

六、康属新闻事业的演进

康属社会经历了长期的历史积淀，奠定了发展进步的基础。抗日战争、西康建省又为其创造了发展机遇。基础与机遇相辅相成，再加上几股外力的结合，推动了信息传播的载体——报刊的出现，可以说水到渠成，而且信息传播形式趋于多样化。

（一）报刊——信息传播的主体媒介

从 1929 年至 1949 年 12 月 9 日西康省主席刘文辉起义的 20 年中，康属共出版 55 种报纸和杂志，若从西康建省算起，则有 47 种（见下表，以出版时间先后为序）。

刊名	创办时间	地址	创办者
西康公报	1929.11.22	康定	西康特区政务委员会
康定通讯	1934.10.12	康定	不详
戍声周报	1936.10.25	理化	陆军 24 军 136 师 1 旅 1 团
西康建省委员会公报	1937.10	康定	西康建省委员会公报室
西康建省委员会工作报告	1937 年年初	康定	西康建省委员会秘书处
西康新闻 ※	1937 年春	康定	西康建省委员会、西康省政府
新西康	1938.4.1	康定	新西康研究社
康导月刊	1938.9.25	康定	西康康定县政人员训练所同学会

续表

刊名	创办时间	地址	创办者
西康省政府公报	1939.1.31	康定	西康省政府秘书处
西陲通讯	1939年年初	康定	不详
西康国民日报 ※	1939.10.10	康定	国民党西康省党部
西康建设丛刊	1939.12	康定	西康省建设厅
妇女月刊	1940年年初	康定	西康省妇女战时教育推行委员会
建国半月刊	1940.3.1	康定	西康童子军理事会
妇女半月刊	1940.5.1	康定	西康省妇女战时教育推行委员会
国魂	1940年下半年	康定	国民党西康省党部
西康合作	1940.7.6	康定	西康省合作事业管理处秘书室
西康童子军	1940.10.10	康定	中国童子军西康省理事会筹备处
西康工业	1941年年初	康定	不详
西康省训团团刊	1941.6.9	康定	西康省地方行政干部训练团
西陲党声	1941.6.10	康定	康定党训团同学会
西康统计通讯	1941.7.31	康定	西康省政府统计室
草地	1941.7	康定	草地文艺社
西康物价	1941.7	康定	西康省政府统计室
大众旬报	1941.8.6	康定	国民党康定县党部
西康民教季刊	1941.9	康、宁、雅、富林	西康省西昌、康定、富林、雅安省立民众教育馆
西康经济季刊	1942.7.1	康定	西康经济研究社
西康农讯	1942.10.15	康定	西康省农业改进所
西康警备特刊	1942	康定	西康省警备司令部
复兴半月刊	1943.1.15	康定	西康省训毕业同学通讯处康定联络站
西康粮政	1943.6.1	康定	中国粮政协进会西康省分会
西康妇女月刊	1943.8	康定	不详
文化前锋	1943年秋	康定	文化运动委员会
国民教育指导月刊	1943.10.1	康定	教育部国民教育局、西康省政府教育厅
社政季刊	1943.11	康定	西康省民政厅社政季刊社

续表

刊名	创办时间	地址	创办者
防空节纪念特刊	1943	康定	西康省防空协导委员会
西康妇女	1944.1	康定	西康省妇女运动委员会
巴安实验简报	1944.2.1	巴塘	不详
西康统计季刊	1944.9	康定	西康省政府统计室
防空节纪念特刊	1944	康定	西康省防空协导委员会
崇真报	1945.3	康定	康定县中国天主教文化协进会康定分会
西康日报 ※	1945.6	康定	西康省政府
西康川大校友通讯	1945.6.15	康定	国立四川大学西康校友会
川大西康校友会会刊	1945.11	康定	国立四川大学西康校友会
西康监察通讯	1946.9.15.	康定	西康省负监察专责委员办事处
西康木里国小校刊	1946.10	康定	西康木里国民中心小学校
西康户政通讯	1946.11.12	康定	西康户政研究会编印
西康教育	1946.12.31	康定	西康省教育厅编辑委员会
三立月刊	1947.2	康定	康定三立月刊社
边政导报	1947.4.1	康定	发行人兼社长庹应权
西康省参议会会刊	1947.8	康定	西康省参议会
西康社政	1947.12	康定	西康省政府社会处
连锁导报	1947	康定	中国合作事业协会西康分会
西康民政统计	1947	康定	西康省政府民政厅
西康会计通讯	1948.4.1	康定	西康省政府会计处

注："※"符号表示报纸，其他为杂志。

从表中我们清楚地看到：(1) 除《戍声周报》和《巴安实验简报》，其他53种均集中在康定一地出版；(2) 这些报刊大多是党政军部门及其下属单位所办，少数由学校和同学会等社团办；(3) 以单张形式出版的报纸很少，只有3种，其他都是定期出版的杂志；(4) 从内容看，一是党政部门出版的公报、机关报，供系统内部上下沟通信息，或发布文牍、法令、汇报工作等，如《西康公报》《西康建省委员会公报》《西康新闻》《西康省政府公报》《西康日报》《西康警备特刊》等；二是就部门工作发表议论、做出指导、交流经验、公布法规等，带有专业性，如《西康民教季刊》《西康粮政》《社政季利》《西康会计通讯》《西康经济季刊》等；三是宣传三民主义的国民党党报系统，如《西康国民日报》《国魂》《大众旬报》等；四是学术性及文艺性的刊物，如《康导月刊》《草地》等，这类刊物不多；五是妇女刊物，有《妇女月刊》《妇女半月刊》《西康妇女》等。下面简要介绍其中几种报刊。

《西康新闻》是西康建省委员会办的报纸，初为油印周报，后改为4开4版铅印的三日刊、间日刊，1937年春创刊，同年11月正式出日刊。西康建省，该报即为西康省政府机关报。第一版国内新闻，采用中央社电讯稿，偶有成都、重庆的通讯，间有社论；第二版国际新闻；第三版省内及本地新闻，有本报访稿、各县通讯等；第四版是文艺性副刊《边铎》和广告。此外出版有各种副刊，如动员委员会的《西康动员》；保安处特别党部的《现阶段》；三民主义青年团康定分团的《青年周刊》；西康妇女战时教育推进委员会的《西康妇女半月刊》；西康省立康定中学涛声社的《涛声》；西康省农村合作委员会的《合作旬刊》；世华主编的《戏剧与音乐》等。副刊数量众多，堪称《西康新闻》一大特色。1939年4月24日该报开始推出《西康新闻藏文版》，8开2版，附于《西康新闻》发行，专为藏族同胞所办，目的是传播抗战信息，并宣传保护藏族固有文化和风俗习惯。《西康新闻》是真正具有新闻学意义的报纸，约于1945年春停刊，当年5月改名《西康日报》。

新出版的《西康日报》，曾由中共地下党员漆鲁鱼任总编辑一年多时间。1946年秋，几个爱好文艺的年轻人，在《西康日报》上创办《毛牛》副刊。这些缺乏社会斗争经验的年轻人，凭自己的热情，畅所欲言，锋芒毕露地抨击社会现实，抒发心中不平，最后因揭露国民党西康省党部主任委员冷曝冬的粉红色生活而被迫停刊。1947年12月22日，一些年轻人又创办了《百灵鸟》副刊，由中共地下党员李良瑜任主编。当时在康定有喜欢舞文弄墨的学士在报上办了《草地》副刊，这些人被称为"草原派"，与《百灵鸟》对抗。"草原派"背后有掌权者撑腰，以各种行政手段围剿《百灵鸟》，《百灵鸟》推出28期便被迫停刊。正如李良瑜所说："冬天开不出春天的花。"此后李良瑜组织部分成员成立金川文艺社，又在《西康日报》办《金川》副刊，由张央任主编，直到1949年秋《西康日报》终刊，共出版20余期。

以上几种副刊反映了当时西康政治斗争的尖锐，说明康属地区虽远离内地，各方面都处于相对落后状态，但这里并不平静。新闻战线的矛盾与斗争，是当时整个国内新闻界斗争的缩影，虽在规模、影响力方面逊于内地，只限于一地一报之内，但论其性质，都是全国解放斗争链条上的一环，且反映了康属新闻界的觉悟和敢于抗争的精神。康属地区发生的主要事件都集中在康定，使当时的康定既不康宁也不安定。《西康日报》的"毛牛事件"，就是一次发生在新闻界的抗暴斗争。

1946年6月，《西康日报》副刊《毛牛》上发表署名"倩予"的《粉红色的人生》一文，影射国民党西康省党部主任委员冷曝冬等权势人物的粉红色生活。冷曝冬便唆使西康省妇女运动委员会出面，写信指责《西康日报》，要求交出作者，惩办编者。为此《毛牛》便刊登了题为《请按住你们的怒火认清现实——答省妇运会的一封公开信》，对无理要求进行驳斥，这样，冷曝冬等人更加不满，事情越闹越大。省妇运会还发动不明真相的女学生，围攻主编戴廷耀，高喊："打毛牛！抓住他！"这一事件主要是掌权者在幕后操纵。为平息事态，省政府秘书长兼报社社长李静轩出面，做出撤销戴廷耀主编职务的决定（实际上仍让他继续当编辑，还给了个"省参议"的头衔），并停办《毛牛》，事情才了结。但事后这群年轻人并不气馁，他们说："拓荒乃艰辛之事，尤是在这贫瘠的土地上，荆棘丛丛，乱石累累，开拓者应先踩出路来，别怕脚被刺得血流，一直朝着理想的方向走去，路就会走出来的。"这就表现出了不畏艰险、勇敢开拓的顽强精神。

1949年2月，李良瑜组织的"新民主主义联盟"中的文艺爱好者，成立了"金川文艺社"，成员有张央、黄启勋（王晚）、陈宗严（林浩先）、朱丹、邹尧（山奇）、铁佩芳（铮然）、凌崇德（凌茵）、夏正中（山汉）等。同年3月《西康日报》第三版上又办了《金川》副刊，为周刊，由张央任主编，以诗、散文、小说、短论为体裁，抨击黑暗，呼唤黎明。为《金川》写稿的都是"新联"的人，为避免节外生枝，他们不断更换文章署名。金川文艺社和《金川》副刊的宗旨，正如在"创刊词"中宣告的，就是"给沉睡的山野，放一支苏醒的歌，愿以自己的歌，唤起更多的歌声，来冲破高原的沉寂"。《金川》的出版展示了以李良瑜为首的一群年轻人，不畏强暴，春风吹又生的顽强生命力。他们"恰同学少年，风华正茂""激扬文字"，表现出对未来的向往与追求，以及朝气蓬勃的革命情怀，他们用文学反映人民大众的苦难，尽管恶势力对他们一次次封杀，却封杀不住顽强的意志。《毛牛》被封了，办《百灵鸟》；"百灵"夭折了，再办《金川》。这场斗争，表面上只是控制与反控制的较量，其本质则是正义与邪恶、新与旧、进步与没落的对抗。这场对抗给人以教育、思考与启发，显示了报纸的威力与作用，在康属新闻史上留下了绚丽的一页。

《戍声周报》顾名思义是部队出版的刊物。1936年10月25日创刊，由陆军24军136师1旅1团编印（后番号有变动），地址在理化县即今理塘县。该县位于青藏高原横断山脉的中段，金沙江与雅砻江之间，海拔4014.18米，有"世界高城"之称，境内高山冰川众多，三面环山，但县区位于一个平坦的草坝子。历史上是"牦牛徼外"之地,乃入藏要道。该县历史上曾出过两位达赖喇嘛,所以有"雪城佛国"之誉。

《戍声周报》与其他刊物不同,它是油印的,赠阅,每期可折叠成16开装订。报名译有藏文放在汉文名下方。由于油印质量差,字迹模糊,故1—30期曾编合订本重新铅印,军长刘文辉为合订本题写了"边塞风光"四字。这份油印刊物很受人们欢迎,初期发行200份,因索要者众多,自第33期起增至300份,后又加至350份。这在当时是很高的发行量,已达到油印的极限。因为每一页都是先用钢板刻写在蜡纸上,再用油印机印刷在当地生产的毛边纸上。一张蜡纸能印数百次,说明刻印的技术相当高超。目前存有的最后一期是1940年8月19日出版的第198期,可能是该刊的最后一期。

从发行量的变化可知《戍声周报》的魅力。那些办刊人和撰稿人,虽不是专业的新闻工作者,但他们是一群真诚、敬业,有毅力和能坚守的铁汉子,用脚跋山涉水,用眼洞察事物,用手记下感悟。这群人是刘文辉战败后,仅剩两师驻扎在康藏高原上的残兵败将。他们要承受恶劣的气候,艰苦的生活,又背井离乡,缺乏与外界的交流,缺少文化娱乐活动,生活极度单调枯燥。长此以往令人难以承受。他们办报刊,既能交流沟通,丰富了军人的精神生活,也有利于工作,因此得到刘文辉的大力支持——给《戍声周报》的创办提供了所需的条件。但最有利的条件是办刊者积极热情、不辞劳苦,成为一批办刊的中流砥柱。

为办好刊物,办刊者制定了严格的原则。《戍声周报》第51期的《卷头语》中要求:"本报努力的希望,全部注意在将康藏两省或及新、青、宁夏、内外蒙古的土产文化贡献于社会,故取材务求亲身所到,探辑参考得来,极端避免悬想与抄袭。要是一篇稿子到了编辑室,有一二处少有不妥的话,绝不肯轻易发表。""我们编辑部的人,选有堪布、活佛、大喇嘛、边疆学者、蒙藏委员会人员、县长、秘书、科长、科员、区长、翻译、部务局长、旅长、副官长、参谋、副官、书记、文书、军士、卫士、团长、营长、连长、名媛,以至于大学教授及二等兵,目的期于宽广与踏实,作者的范围当然难于一致,文章的作风不消说也是金玉沙琮,荟萃一炉了。为了存其本来面目,遂一切不计,这一点愿阅者鉴谅。""学术的杂志,我们是不敢企及的,要将就我们□□□的旅行,一部烂油印机,几篇四川纸,印刷装订比内地刊物一切都说不上,盼望阅者诸君,把我们这小小工作,认为是边地远人写回来的一封信,或一件长途报告,看我们离亲别乡去如零雁,究竟作了些什么事,看看。如其能引起你们研究边地,进而以至开发边地,那是我们最大的愿望了。"这篇《卷头语》对稿件内容提出了严格要求，并表示尽管设备简陋，也不能降低质量，目的是引起人们对边地的关注，和研究开发边地的兴趣，如果能达到这一目的，那么他们这些"离亲别乡"的"零雁"也就感到欣慰了，一切辛劳都值得，文章的语言充满真情。

《戍声周报》虽是军内刊物，但内容十分广泛，"以纪实为宗旨"。内容有两大主题：一是研究康藏社会，展开新闻报道或社会调查，并发表评论；二是报道军旅生活，表现出军报特色。栏目较多，有"简论"栏，研讨西康各项问题；有"专著""特载""西康风土志"栏，介绍西康自然情况，以及西康历史、风土民情、物产等；还有"文电""一周消息""译述"等栏。"一周消息"大都是24军、师、旅、团的消息。"译述"是把藏文译成汉文，内容都是有关藏族的故事。该刊还有刊载各类游记、通讯、诗歌的"塞外吟坛"栏。总之，为人们了解康属尤其是了解藏民族的风土人情、经济状况、社会组织等，提供了大量珍贵资料，关于军内事态记载反而不多。

《戍声周报》虽然印刷质量不佳，但人们仍能感受到编辑者认真严谨的态度、一丝不苟的作风。虽是钢板刻写，除了文字，还有康属风景画、动植物画、风俗画、藏族人物画等，栩栩如生，处处让人感受到办刊人的真诚。在1938年10月25日出版的第103期"第二周年特大号"扉页上，印着这样几行字："本社社址，高出海拔12480尺，为东亚唯一最高报馆。""本报考察团已于26、27（即民国二十六、二十七年）两年，遍历西康全省。"这些办报人，就是这样在艰苦环境下，脚踏实地工作。遗憾的是，我们并不知道他们的姓名，有关报社组织、人员安排等办刊情况等均已无从查考，笔者仅将零七碎八有限所知贡献于此。

据有关资料称，《戍声周报》的社长、发行人是曾言枢，编辑有贺觉非、徐耕刍（又名徐耕耘、徐耘刍）。曾言枢是24军的旅长，驻扎理化。贺觉非、徐耕刍是旅部政训人员。旅中一些中下级军官和士兵，都是该报的记者、通讯员，义务担任撰稿工作。所以"周报"有很多基层人员参与，可称得上是群众办刊。尽管关于他们的个人信息、办刊中的情况后人知之甚少，但从他们留给我们的198期油印的《戍声周报》，已经足够让后人清楚明白，他们既是军人，又是合格的报人。《戍声周报》到了八十年后的今天，仍是西康新闻史、军报史以及藏学研究者的必读之物，可谓弥足珍贵。

《康导月刊》于民国二十七年（1938年）9月25日在康定出版，由康导月刊社编辑发行，是康定县政人员训练所同学会办的杂志。1941年7月《康导月刊》总社迁到成都，在康定、雅安、西昌设分社，主要编辑人先后有王光璧、张镇国、时明亮、欧阳枢北、张央等。

该刊创刊时,"本社同人"在《发刊辞》中阐述了刊物的目的和方向:"我们愿借在边疆工作的机会,就所见、所闻、所行,关于政治的、经济的、文化的、教育的、宗教的、法律的、生活的、习俗的、气候的、地理的、生物的、矿藏的实际情况、现象,在我们理解的范围内,尽量介绍,提供素材,以作政府施政的参考,引起国人开发的兴趣,纠正过去一般人对边疆的唯蛮论和唯冷论。"并表明其办刊态度:"我们决不以部分的事实概括全体,更不能根据单独的、偶然的现象,遽下结论。尤其不敢以抽象的原则,去衡量一切。"因此"本刊的文字,宁肯失之粗拙,不愿趋于巧伪。材料的选择总力求翔实。臆度的批评不刊,耳食的消息不录,成绩卓著者,当然为之宣传,非即等于吹捧。贪污有据者,亦不惜加以暴露,实乃分内之责"。这篇《发刊辞》说出了编者的心声,所想、所愿、所作,光明正大、掷地有声。该刊后又在第 3 卷 1 期《康导二周年告读者》中,再次表明任务和态度:"介绍西康之真实情况,予国人以对边疆之正确认识,藉以行起开发之兴趣提供素材,以作政府施政之参考。""本刊三(四)态度,揭橥国人,一曰不以一概众;二曰不以小方大;三曰不以虚判实;四曰不以巧乱真。"这正是新闻人应有的品格。这样的人把《康导月刊》办成了西康新闻史上的一朵奇葩,人称"康省唯一无二之富丽刊物"。该刊在广告中自称是"建设新西康的前导,开启边地文化的生力军",这是名副其实的。该刊发行量由 500 份增至 1500 份,行销西康、四川及腹地边区各省。

为了帮助政府解决西康的实际热点难点问题,《康导月刊》经常编辑各种主题的专号和特辑,曾出过"如何建设新西康专号""国民精神总动员专号""乌拉差徭专号""甘变特刊""教育专号""土司问题专号""西康影展特辑""西康政治动态专辑"(上、下)"康藏宗教特辑"等,对实际工作很有指导意义。该刊内容还包括图书之介绍与批评、旧籍之整理与考证、康藏史籍或外籍人士著作之译述等,几乎包罗万象,堪称"小百科全书",对今天人们了解、研究西康具有极高的历史和史料价值。据统计,在共出版的 67 期中,该刊发表论文 1008 篇,文字总量达一千余万字。其中政治性论文 500 余篇,经济性论文 100 余篇,文化方面的 200 余篇。[①]

《康导月刊》在出版过程中,始终得到刘文辉的关心与支持,他为刊物题

[①] 见姚乐野:《〈康藏前锋〉〈康藏研究月刊〉〈康导月刊〉校勘全本》前言,四川大学出版社,2011 年。

写刊名，还发表过58篇文章。后因国内政局变化，正处于解放战争迅速发展之际，蒋介石又处心积虑地要消灭刘文辉势力，刘文辉则不得不提防蒋介石的阴谋诡计，积极向中国共产党靠拢。在这种形势下，他无法抽出力量照顾《康导月刊》。《康导月刊》的工作人员经常调动，也给编辑工作造成了困难。该刊于1947年1月出完第6卷9、10期合刊后终刊，历时近八年半，共出版67期。

《西康国民日报》又称《国民日报》，1939年10月10日在康定创报，是国民党西康省党部机关报，由国民党中央宣传部派省党部书记长高明兼任社长。报纸初为4开2版竖排，后改为4开4版横排。第一版为国际新闻、社论、短评；第二版为国内新闻。以上两版消息均采用中央社新闻稿。第三版为地方消息，内容丰富；第四版为副刊和广告。副刊种类较多，主要有尊闻主编的《学海》，阳湜主编的文艺副刊《塞光》；象韦主编的《杂俎》；慎三主编的《儿童》；易风主编的《中学生》；腾蛟主编的《战潮》；士奇主编的《文艺》；其他还有《战教》《康区青年周刊》《晨光》《妇女月刊》《拓声》《兵役周刊》《诗交流》《边声》等副刊。1943年11月1日起扩为对开4版。

《西康国民日报》在《发刊词》中称："本报是西康国民的报，我们愿把本报献给全西康的国民。我们希望从本报里，可以听到西康国民的呼声，可以看见西康国民的生活，可以了解西康国民的一切。"在《发刊旨趣》中又称意在"宣传三民主义，唤起民众，建设三民主义之新西康，完成抗战建国之使命"。在1943年，第二版出了"'七七'六周年纪念特刊"，第三版通栏大字标题则是《西康与中国之命运研究特辑》，发布了蒋介石《中国之命运》一书"摘粹"及其他配合文章。

该报于1941年春休刊，国民党中央宣传部派段公爽进行整顿，同年8月13日复刊，段公爽任发行人。10月10日出藏文版，在康属发行，借用了康定天主堂准备印《圣经》的藏文印刷机印刷，每期还送给拉萨100份。

《西康国民日报》自1944年10月29日起发行人为丛啸侯，直到1945年9月30日，该报奉国民党中央宣传部令，自10月1日起终刊。

《西康国民日报》一些人把报纸作为升官发财的工具，剥削压榨工人，谋取个人私利。当时报社工人生活很苦，尤其是排字工人，长期生活在贫困线下，每天熬夜，工作条件、卫生条件极差。

1944年10月，丛啸侯接任社长以后，在报社培植个人势力，生活糜烂、作风散漫、狐假虎威、晚间赌博、吸毒贩毒，对报社工作敷衍拖沓，对职工生活不管不问，有这样的领导，报社里歪风邪气滋长。有的领导在工人的食用油中加入毛发、桐油、煤油，以阻止工人食用，使清油节省下来填饱私囊。有时还往大米中掺进沙子，使饭难以入口而大量节省，以达到贪污粮食赚钱的目的，严重损害了工人的身体健康。

更可恨的是，在物价飞涨的情况下，工人由于生活更加艰难，所以要求增加工薪，可是问题一次次得不到解决。职工们忍无可忍，于1946年1月全面罢工，得到全社编辑、记者支持。这次罢工历时半个月，惊动了南京当局，答应给报社增拨经费，提高工人收入，但丛啸侯封锁消息，不予兑现。后经暴露，全社工人愤怒，他们大量印发"快邮代电"，揭露《西康国民日报》的贪污腐化恶迹和迫害职工、克扣薪饷等罪行。有一位职工因张贴"快邮代电"被捕，再次激怒报社工人，酝酿要联合商会、学校进行罢市、罢课，当局迫于压力，不得不将这位职工释放。

这次罢工在康定历史上是第一次，反映了工人不屈不挠的斗争精神，展现了工人的力量。

除以上各类报刊出版，其他信息传播工具和形式也在发展变化中。

（二）邮政——信息传递的重要方式

邮政是一种大众化的通信方式，更是信息传递的重要方式。康属由于交通困难、缺乏经费、人员不足，邮政辐射面窄，时效性差，未能发挥应有的作用，整个邮递业务处于落后、简陋的初级阶段。

清代设有大清邮政和民间信局，但在康属，邮政局（所）很少。据《甘孜州志》（中）"邮电篇"记载，清同治五年（1866年）民间已开办信兑业务，并设立民间信局。打箭炉设民信分局，由重庆民信总局管辖。光绪二十八年（1902年）打箭炉邮政局和泸定桥邮政代办所成立，开辟了成都至打箭炉的邮政业务。宣统元年（1909年）巴安邮政局成立，开办信函业务。

关于邮路，宣统三年（1911年）成都至康定、巴塘至拉萨的国内邮路得以开辟，全长2550千米。民国元年（1912年）十月发生拉萨事变，拉萨与内地的邮路中断。从民国九年至二十一年（1920—1932年），在康属很多地方有邮局（所）、信柜，包括较远的巴塘、甘孜、道孚、理化、丹巴、九龙、稻城等地都已通邮。1944年交通部筹办边疆邮路，当年由康定到安顺场的邮路延伸至汉源的富林，康属初步形成了邮路网。

1908年清政府改打箭炉厅为康定府，巴安（塘）仍设邮政局，泸定桥设代办所。民国元年（1912年），南京临时政府交通部接管了大清邮政，更名为"中华邮政"，管理全国邮政事业。同年尹昌衡西征，因军事需要在康定设立

"军事邮便"，民国七年（1918年），康属南北两路的公文邮便全部裁撤，来往公文仍用邮政传递。民国二十一年（1932年），24军因军事需要，放缓邮政速度，在南、北路另设骑递哨，利用驿站传递公文，至民国二十四年（1935年）裁撤，改行甲县递乙县传递公文，此间骑递哨与邮政并存。民国二十一年（1932年），国民政府交通部还在四川设川东、川西邮区，康属属川西邮区，所以邮政机构和邮政业务均隶属西川邮政管理局管辖。

康属邮务方面存在的问题很多，除客观原因（如自然条件），主观原因则为刘文辉主政西康省，百废待兴，又遭蒋介石的打击，无力顾及。故贫瘠之地的康属，邮政的改进迟缓不彰。邮政的落后限制了报刊的发行，报刊受众面严重受限。

（三）有线电与无线电技术的应用

由于政务、军务、商务需要，清光绪末年，康定设打箭炉电报局，先有了有线电报，后有了有线电台，人们开始了对新技术的应用。

清末川滇边务大臣赵尔丰感到驿站传递极为不便，便在康区南路架设12号铅线电线，东与雅安联络，西则由康定逾折多山，经雅江、义敦、得荣、理化至巴塘，各县均设电报局，兼收发商业报务，川康两地联络亦尚通畅。

民国以后，时局动荡不安，电线年久失修，原有电线许多被毁坏，电报局基本停办，仅剩康定一所，专营国内电讯事项。民国七年（1918年）以后，川省军阀、党派各自为政，来往电报阻碍重重，均由泸定、清溪（汉源境内）改用电话传递，信息迟缓。民国十九年（1930年）时，甘孜县大金寺与白利土司之纠纷已起，次年，川康总部派大军戡乱，但因交通不便，消息传递困难，便将雅属屯殖部之无线电机派往前线，由李季沛任无线电第四分台台长（总台设成都），有报务员3人，机务员1人，担任通信工作；又于康定设50瓦电机一部，便于传递军情。大白事件平定之后，无线电机仍留在甘孜，又于巴塘设置一台[①]。此为康属有无线电之始[②]。

西康建省后，于康、宁、雅三属各要地，分别安设电台，大大改善了全省

[①] 以上介绍见四川省档案馆、四川民族研究所：《近代康区档案资料选编》，四川大学出版社，1990年，第301页。

[②] 无线电之始还有其他说法：民国二十年（1931年），国民党中央给蒙藏委员会正在康区处理大白事件的格桑泽仁一部无线电机便于联络，这部电机后移交24军，并又增设多处，只限军用，此为康区有无线电之始。还有一说，无线电台之设置始于民国十九年（1930年），青翰南就任雅属屯殖司令时，请准川康边防总指挥部安装15瓦无线电机一部，与24军成区各台，及南京、重庆各地，切取联络。

通信联络条件。民国二十三年（1934年）一月，国民政府交通部在康定、甘孜、巴塘、德格设置无线电台，专发商报，开通的报路有康定至甘孜，康定至巴塘，甘孜至德格，康定至成都无线电短波。甘孜至巴塘，甘孜至拉萨亦开通报路。同年4月，康定至南京的无线电报路开通。民国三十一年（1942年）又开通甘孜至青海玉树电报电路、得荣与巴塘、理化报路。康属电报经营的种类较多，有官军电报，包括作战或剿匪之军务电报；局务电报，包括纳费公电；私务电报，又可分为寻常电报、加急电报、交际电报、新闻电报、加急新闻电报、公益电报、报务电报、特种电报等；电报业有了突飞猛进的发展。

西康建省委员会还在康定、甘孜、德格、理化、乡城等地各设15瓦电台互通电报。又在巴塘、丹巴各设电台一部，使通报自成网络，为政府部门提供通信联络。1939年5月，西康建省不久，交通部派工程师周崇高筹设"交通部康定无线电话台"，包括兴建发讯台、收讯台，号称"康定国际电台"。电台为短波报话，双用设备，主要有4千瓦发射机一部、TR200一部、20门磁石交换机一部，另增设天线、遥控线、油机发电机、专线电话（至西康省政府）等设施，于次年6月15日装机完成。配备工程师1人，机务员5人，报务员1人，业务员3人，技工4人。无线电台的建立，起到了沟通川康大后方与内地各大城市间的通讯联系，弥补有线电路的不足，缓和长途电话电路紧张的作用。再则由于无线电话的增加，长距离通信问题得以解决，线路尽量开放直达，减少中转，方便用户，对抗战工作发挥了积极作用。1940年9月12日开放至成都、雅安、汉源的国内无线电话，话音质量佳，尚能满足用户需要。开设无线电话业务的还有康定至昆明，康定至西昌，采用每日定时通话办法，并受理传呼业务，但使用不到两年便关闭了。

1944年以前，康属设立电报局的地方有甘孜、德格、巴塘、丹巴、邓柯、理化等（后来均更名为电信局）。此后又扩设电信局的有泸定、石渠、乡城、白玉、道孚等地。

与此同时，长途电话有了发展。自民国三十一年（1942年）起，西康省政府筹措工程经费和施工材料，经过三年的筹备，到民国三十四年（1945年）由交通部西南、西北长途电话第十七总队第五中队负责施工。该线路经雅安至天全，越二郎山至泸定再至康定，全长230多公里，次年建成使用，为铜质双线，至此康定与成都以及全国各地可通长途电话，为康属第一条长途电话线路。

抗日战争爆发后，长途通信拥挤，设备超负荷运转，在这种情况下，康属各电报局设置无线电台，先是开通无线报路，后逐步开放无线电话。1938年8

月 1 日,开通康定至成都无线电话。以后又陆续开通康定至西昌,康定至汉源的无线电话,之后康定电信局以 15 瓦特机器,先后与甘孜、巴塘、德格、石渠、炉霍、道孚、丹巴、雅江、理化、乡城、得荣、稻城、九龙 13 县通无线电话。1940 年 9 月,康定电信局设 4 千瓦发射机,缓解长途电话紧张状态。

康属原无广播,西康省政府成立时,在康定将军桥头墙壁上安装了一只收音喇叭,此为康定最早的有线广播设施。1941 年 4 月,康定建成了西康广播电台,输出电力为 1 千瓦,台址在康定县城南门外,试播两个月后,因效果差,于当年 6 月撤销。

总括以上,康属有线和无线电技术的应用和电台的建立,反映了信息传递的多样化、多渠道,体现了信息传递手段的跨越式进步。它方便了信息传递,缩短了传播时间,提高了效率,节省了人力、物力和财力。但这种先进手段仅限于满足行政、军事和商务的需要,对康属广大民众的生活影响甚微。尽管如此,从信息传播的角度看,康属电讯方面的发展,从无到有,再到踏进现代技术的门槛,无疑是飞跃性的进步。

七、日趋完备的康属新闻事业

康属报刊从无到有,虽起步较晚,但发展很快。从建省算起到 1949 年刘文辉起义,仅 10 年时间就发展到出版 47 种报刊,不逊于国内其他城市报刊的发展水平。这对作为边地小城的康定来说,是非常令人瞩目的事情。在报刊发展的同时,也发展出通讯社、新闻团体,康属新闻事业日趋完备与成熟起来。其成熟的标志,主要表现在几个方面:

(一)报社组织机构的健全

康定各报刊社的组织管理各不相同,有的比较简单,有的比较复杂。例如当时的《西康国民日报》,就已具备了现代报纸的条件,从其发展过程可以看出康属新闻事业发展的水平。

《西康国民日报》在筹办时,便重视对报社主要人员的安排,由西康省党部书记长高明兼任社长,聘张象韦为主任编辑,还聘请了多位特约编辑。但是,该报组织结构还很不完善,全社职工仅 30 余人,为节省开支,除必要专职人员,编辑多聘请公教人员兼职,仅给薄酬,甚至还有义务工作者。这时报社也只设有庶务和印刷二科,分管印刷和营销事务。

1942 年后,编辑人员才逐步专职化。尽管在以后的出版过程中,人员多有变动，但岗位人员没有缺失，社长、经理、科长、主编、编辑、记者、通讯员齐全，各司其职、各尽其责。《西康国民日报》副刊较多，副刊都有专职或兼职编辑。这时报社分设经理部，下设工管人事科、庶务管理科、会计管理科、广告发行科。1941年10月10日增加藏文版，增设藏文编辑部，有主任编辑和编辑4人。报纸在各县设有特约通讯员和推销员，多由县党部的职员担任，作为职责任务。不论怎样，他们都是新闻行业的专职或兼职人员，可称"新闻工作者"，是一种社会职业。他们的出现，极大地促进了新闻事业的发展。

在报社设备方面，《西康国民日报》迁到子耳坡后，有土木结构房屋两层共20余间：二楼是社长室、办公室、编辑部、会议室、职员宿舍等；一楼是排字房、机器房、铸字房、雕刻房、食堂、工人宿舍。初创时印刷设备很简陋，后逐步完善，有脚踏式对开印刷机和16开圆盘印刷机各一台，手摇铸字机一台，汉文铸字铜模3~5号各一箱，排字架14个。由于字模型号不齐，若遇标题需用特号、头号、二号字时，还有雕刻师刊刻送排。排字房后来有工人40余名，由工头管理。拼版、正文排字、雕刻、大字标题木刻排字均有专人负责。机器房印刷专门聘请成、渝技师操作或指导印刷。除印报纸，还开展对外业务，如承印表册、单据、书籍等。

（二）通讯社的建立

《新闻学季刊》第1卷第3期（1940年5月）第56页的《中国报业概况》一文中说："无线电事业与报业之发展，有极密切之关系。广义言之，无线电事业亦可谓为报业之一部分，盖无线电之普及，使内地边疆间消息得以迅速沟通，是则无线电业本身即具有发展报业之作用。同时，使边地各报可以藉无线电以收录内地广播之消息，是足以促进报业之发展。""国民政府成立以来，边地无线电事业之发展颇足一述。盖以我国边疆辽阔，如兴办有线电报，不独敷设杆线，耗资费时，抑且维持困难，故边远之地非建设无线电不为功。二十三年（1934年）发展最速。西康设台四处，时康藏边防紧急，因于康定甘孜各设40瓦特机一架，巴安、德格各设15瓦特手摇机一架，除互通外，并由康定台与京、蓉通报。"

西康的通讯社是不发达的，据1936—1937年英文版《中国年鉴》的统计，当时边远省份青海、察哈尔没有通讯社，宁夏有一个，绥远有10个。这四省新闻业都比康属发达，康属则不在统计之列。实际在西康建省前，康定已有西陲通讯社和西康新闻社。西康新闻社社长曹良璧，总编辑章伯怀，后者曾留学日本，笔名章邰。1940年，24军司令部秘书龙宗心掌握该社。又据《康导月刊》第5卷11、12期合刊中报道，1944年4月，西康新闻社改组，原社长张雨湘调宁属屯垦委员会任职，由王卓继任社长。

1940年1月康定成立新康通讯社，由伍进修主办。1941年春，康定又成立"西康通讯社"，与成、渝、港、滇各地通讯社交换新闻消息，处理通讯编辑事项。1943年5月21日，《国民日报》二版头条报道："中央通讯社在康设立通讯机构，沟通康藏文化报道消息，试行通讯成功，正式通报。电台设在《国民日报》内，由段公爽兼理此事。"此即国民党中央通讯社康定分社。

1946年3月康藏通讯社康定分社成立。康藏通讯社总社于1941年1月1日在西昌成立，刘文辉为名誉董事长，刘元瑄任社长，康定分社是其分支机构，社长由省府秘书高介孚担任，编辑吕宗阳，经理兼采访曾文甫，特派员李次良、刘酝泉。康定分社成立不久，即开始发新闻稿。《西康日报》在4月12日二版，专门发表一篇题为《祝康藏通讯社康定分社成立》的社论，文章说，康藏通讯社总社"是有合法地位的文化团体，它的产生，实在太适合时代和地方的需要了。对内，它给汉藏和汉猓（指彝族）间，架起了一道互通声息的桥梁；对外，它交流了康城与内地各省乃向国际间的文化"。文章还说："历代中央政府，对边疆均无确准政策，大体一经通便，便留兵驻守，或分封土爵……边疆与国家关系，遂若分若合，若即若离，中央既视边疆为藩服，边疆□长，亦视中央为虚壳，中原一旦有变，边民即脱羁魂而驰。边关有事，则往往牵动大局，而影响国家安危。论者不□夷狄□驯……中央与边疆在政治、文化上，求能发生密切交流作用，人情的声息，人自然□隔不通，疆边大吏，地方土劣，更从其中挟持作祟，上意未能下宣，下情不能上达，边疆焉得不□乱相□。……西康已成国防要区，而汉猓之关系未入水融之境，如何彼此情愫，加强中央与地方之关系，除寄□西康省府外，实有赖于文化界之努力。西康并为中央鞭长莫及之区。……康人在刘主席正确领导之下，地方安定，已有五十年之进步，但不幸西康至今数千悬而未决的甚多的宗族问题，□□□深山夷区，亦若内地尚有烟毒，一时未能肃清。""西康既为国防要区……康藏通讯社康定分社已更适应时代与地方需要而产生。"这篇大论，主要说明康藏通讯社康定分社成立的必要性，以及将发挥的作用。康定分社于同年7月23日开始发新闻稿，与西昌、雅安、成都的报社、通讯社都有交往。1947年8月，康藏通讯社改出电讯稿。为扩大报道面，分社还聘有特约撰稿人，业务相当全面。

1947年，徐廷（述）林任国民党西康省党部委员后，为了夺取省总工会理事和工会国大代表的职位，便邀省训研究班同学曾文甫、梁奠宇创办拓边新闻社。徐廷林任社长，曾、梁任副社长，并分别兼任编辑、经理。不久，徐廷林目的达到，拓边新闻社发了两期通讯稿，便无疾而终。

这一年，康定还有炉边通讯社、建国通讯社。1948年11月，段崇实办中庸通讯社。这些通讯社都是在西康建省以后发展起来的，虽然存在时间不长，但在沟通信息、扩大交流方面起到了很好的作用。尤其是康藏通讯社，因是官办，具有优越条件，在"沟通消息，介绍边情为急务"的宗旨下[①]，向本地和外地报纸提供了大量电讯稿及图片，翔实地报道边情，对宣传西康起到了不小作用。所以说，通讯社的建立非常重要，既将国内外重要消息传递给边疆，又将边疆消息传播到国内外，二者交互使用，互通有无，扩大了新闻来源，这样内地与边疆的隔阂才能消除。通讯社既是新闻事业发展必需，也标志着一个地方新闻事业的发达程度。

更可喜的是这时报社有了自己的电台，如《西康国民日报》就有业务电台，接收合众社、路透社的国际新闻电讯稿。国内新闻主要是中央社电讯稿，有时也秘密接收新华社的电讯。电台的负责人是西康省电报局的牟成富，他任台长，国民党空军康定电台职员刘继生是报务员，另有几个从西昌技专校分来的报务员。当时《西康日报》亦有收音室，收录各地新闻，扩大了信息来源。

（三）新闻团体的组建

康定记者公会于1946年9月1日开始筹备，由《西康日报》编辑戴廷耀负责，经过一年的准备，于次年9月1日记者节正式成立，还发表了"宣言"，称："由《西康日报》、康藏通讯社、炉边通讯社等单位及外埠同业驻康记者，汇集组织了这个集体，文心一致，群策群力，为宣扬政令，达表民疾，建立三民主义的新中国而努力。"《西康日报》还发表社论《康定市记者公会成立感言》以示庆祝，并编辑了"九一记者节暨康定市记者公会成立特刊"。当时康定记者公会有40余名会员，戴廷耀任常务理事。1947年9月推举周馥昌（儒海）为常务监事。1948年1月22日戴廷耀提出辞职，由徐廷林接任常务理事。新闻团体的出现，说明康定新闻队伍发展壮大，意味着作为行业和职业的新闻工作，从社会分工中确定下来，成为独立的新兴行业，是新闻事业发展的重要标志。

---

① 参见四川省档案馆：民国198全宗370卷"新闻杂志登记表及各报社申请登记情形"。

（四）形成了多层次、多种类的报刊体系

在康属，以《西康国民日报》为代表的众多报刊，既有单张日报，又有16开、32开的半月刊、月刊、季刊、年刊；有党政机关报，也有机关、社团、研究单位等办的杂志。受众上，有面向大众的报纸，也有面向妇女、儿童、学生、军人、机关、职员等的杂志，品种齐全，彰显了新闻事业的繁荣。这些报刊自然形成了上下左右、日日月月信息传播的网络，持续不断地把属内、属外，国内、国外发生的事介绍到属内来，让居住在西康高原上的人们，随时知道各种新鲜信息，尤其是加深了康属人民对抗日战争的了解。正因为通过媒体有了各种内外的交流沟通，才使边地人们打开了视野，更促进人们思维空间的扩大。报刊在不知不觉中改变着康属闭塞的落后状态，使当地社会面貌迅速改变，焕然一新。

八、康属新闻事业发展的个性特征与历史地位

康属新闻事业的发展过程，既与其他地区存在共性，也有自己突出的个性，在中国地方新闻史的研究中具有应得的历史地位。

（一）康属新闻事业的个性特征

康属新闻事业发展的个性特征，表现在以下几个方面。

1. 康属新闻事业孕育的时间漫长。康属社会受自然条件所限，与外界交流不便，难免闭塞，加之宗教氛围的影响，长期处于封闭状态。人们接触新事物的机会很少，思想自然保守。教育也极不普及，人们习惯于既有状态下的生活，对传播信息的新闻媒介没有迫切的需求。多年的战乱促使人们流动、交融；制度的改革，教育的提倡，现代科技文明的介入，动摇了传统观念，为人们打开一扇窗，人们呼吸到新鲜空气，一切都在变动中。抗日战争、西康建省，对康属人民又是非常大的刺激。复杂的社会变动，积累了新闻事业产生的条件，这一漫长过程在国内是少有的。

2. 康属新闻事业产生是外力作用的结果。康属奴隶制度下的神权社会，自身没有产生新闻事业的需求，也不具备发展新闻事业的资源和能力。新闻事业在这样的土壤中出现，主要是外力长期作用的结果。历史上的多次治边活动为康属社会的进步做了铺垫；抗日战争中康属处于大后方，各种人员的内迁，为人及产业对信息的需求积累了能量；而最重要的外力是西康建省，各类机关

的出现，融进大批工作人员，机关与机关，人与人，西康与外界，加速和扩大了联系，迫切需要沟通和交流各种信息，新闻媒体应运而生。如果没有西康建省这一契机，康属新闻事业的产生也许还会晚若干年。西康建省是康属新闻事业产生和发展最大、最重要的推手。

3. 新闻事业产生的被动性。康属大部分刊物带有很强的官办性质，创办初衷并非为了传播信息，而是出于主观上的某种需求，但同时不可否认其中也传播了大量人们需要的信息；所以康属新闻事业的产生带有很强的政治因素。康属出版的55种报刊都是政府机关部门等所办，因此受制于政治的管控，并成为当时当地新闻事业的主流。突出的官办特征，表现出康属新闻事业产生发展的被动性，以及与政治的密切关系。官营报刊支撑并主导了整个康属新闻事业，民营报刊难以产生和发展，这也是康属新闻事业的不足之处。

4. 新闻事业发展的不平衡性。康属99%的报刊都在康定，因为康定是西康省省会，党、政、军机关所在地，自然是康属的政治、文化中心。康定以外几乎没有新闻市场，所以康定新闻事业的昌盛，未能带动其他地方并产生辐射效应。这也使媒体的影响力有限，新闻事业的发展极不平衡。

5. 新闻事业发展过程中的单一性。这是很少见的现象，当然与康定强势的政治力量控制了一切有一定关系。加之康定毕竟是边陲小城，坐落在折多山与跑马山脚下，虽然它也在发展，但无法与内地城市相比。康定的城市结构、规模、受众的组成、数量及信息源，都是有限的，人们对信息的需求容易得到满足，也就无法提供民营报刊在这里施展的条件。而且办报经费筹措困难，民营报刊难以起步。而党政部门办报刊则无须考虑这些，只为我需。这是55种报刊无一民办的原因，并因此导致新闻事业的单一化。

6. 新闻事业发展快、存在时间短。从1929年11月起，到1949年12月9日省长刘文辉起义，康属新闻事业存在了20年。其实在刘文辉起义前，康属新闻事业已经完成了它的历史使命。这是在外力作用下被动产生的新闻事业的必然结果，它随着一种政治的完结而消失。康定1950年3月24日解放，1955年9月西康省人民委员会撤销，所属行政区域划归四川省。在这个过程中，1951年年初，康定军分区政治部办了《康区战士报》，1954年8月23日康定地委机关报《康定报》与读者见面，这些完全是新型的报纸。

1955年7月康属成立甘孜藏族自治州，中央政府对藏族地区实行大规模民主改革，使当地广大人民由奴隶社会迅速进入社会主义社会。由于上层建筑的改变，新闻事业也进入了社会主义全新时期。

（二）康属新闻事业的历史地位

康属新闻事业是中国新闻事业发展历史上的一个组成部分，尽管起步晚，发展不够充分，但它所展现的价值，彰显了它的历史地位。

1. 报刊的出现，新闻事业的发展，打破了康属封闭的社会环境，结束了愚昧落后的时代，推动了社会的进步。媒体传播的既有新闻信息，也有科学知识、文化、教育思想、意识形态。社会的发展，进步因素的增长和扩大，使人们固有的观念意识发生改变，焕发出新的精神面貌。新闻媒体在这一过程中起到的作用，意义重大。

2. 新闻事业推动了康属和西康省各项事业的变革，发挥了报刊舆论宣传和指导作用。各级机构所办的刊物，是开展工作、传达政令、总结经验、相互切磋学习的帮手和工具，使政令顺利贯彻执行，上情下达、下情上达，及时发挥了沟通和桥梁作用。总之，康属新闻事业在这方面是很突出的，且丰富了中国新闻史的研究内容。

3. 报刊为今天留下了宝贵史料，这方面《康导月刊》最为突出。其实每种报刊都是对过去的记载，使我们能了解到那个时代的面貌，知道前人做了什么，怎样做的，有哪些经验，又有哪些教训。康属报刊是我们了解康属地区历史状况的重要来源，是不可或缺的。今天我们翻阅这些破损发黄的报刊时，一种感谢和崇敬的心情油然而生。

4. 康属新闻事业的发展，培养和锻炼了一批年轻有为的新闻工作者。代表人物有王光熙、李良瑜、张央、王梦天、戴廷耀等，他们当时风华正茂，在办报过程中成长起来。这批人敬业、刻苦、热情，富有爱国心和正义感，无论在业务上还是思想上，都有着不凡的表现。他们办了不少引人瞩目的副刊和专刊，且在各个刊物大都设有社论、社评、评论、社说等言论性栏目，重视言论的舆论引导作用。还有报刊上的调查报告之类的内容，都是来自第一线，来自那些既在基层当官而又是通讯员的人。他们的调查真实具体，提高了报刊的指导性，使报刊作用最大化，这些专职或兼职的新闻工作者，为康属新闻事业做出了不可磨灭的贡献。

毋庸讳言，这支新闻队伍也存有缺陷，少有真正的职业报人。这与那个时代社会动荡不安有关。为了生存，为了革命，他们有时不得不离开新闻工作岗位，而新闻工作也只是斗争的需要。他们中有的人没有受过专业教育，多从个人兴趣、革命斗争需要出发去办报。还有的报人是官员身份，兼职办报而已，这也是康属新闻事业官办报刊的特点。

总之，康属新闻事业的生存空间以及发展的轨迹与其他地区不同，使中国的新闻事业更加丰富多彩，也为中国新闻史的研究开拓了一个新的研究领域。

参考文献

任乃强：《西康图经·境域篇》，新亚细亚学会，民国二十二年十月初版。
任乃强：《西康图经·民俗篇》，新亚细亚学会，民国二十三年七月初版。
任乃强：《西康图经·地文篇》，新亚细亚学会，民国二十四年七月初版。
任乃强：《西康札记》，中国藏学出版社，2010年版。
杨仲华：《西康纪要》，上海商务印书馆，民国二十五年一月初版。
王纲：《清代四川史》，成都科技大学出版社，1991年版。

从神的媒介到人的媒介

——黑格尔的媒介观

杜恺健

内容摘要：媒介一词虽然在 16 世纪就已经出现，但对于其内涵的研究与定义还是近 70 年内的研究成果。本文试图从黑格尔的媒介观念入手，探索早期媒介观念对现今"媒介"概念的影响，黑格尔认为媒介是中介过程之中的具有交互性的媒介，在黑格尔的宗教理论中，通过对其他宗教的交互性认识，他认为媒介存在的意义是在中介过程之中完成人对于自己的认识，进而认识上帝，这一过程既是主体发现自己的过程，也是交互主体的过程。同时，黑格尔的这些观念对后来的学者如马克思、哈贝马斯、麦克卢汉等都产生了深刻的影响

关键词：媒介　中介　黑格尔　交互主体性

关于媒介一词的概念，学界一般认为这是一个在 16 世纪就已经出现的词语，到了 17 世纪，"媒介"被广泛使用，但直到 19 世纪末、20 世纪初，由于大众媒介的出现，"媒介"才被人们视为一个对传播至关重要的词汇[1]。因此，对于"媒介"一词的界定以及内涵，实际上是近 70 年以来才有的研究成果。有学者就认为，在 20 世纪 50 年代，关于媒介的定义仍然是一个极具争议的话题[2]，媒介一词对于普通人而言，仍然是一个很难的词汇[3]。

正因为如此，"媒介"被广泛讨论乃至被定义的时间背景大致是在大众媒

---

[1] Williams, R. *Keywords: A vocabulary of culture and society*. Oxford: Oxford University Press, 2011, pp. 203—208.

[2] 何道宽：《媒介革命与学习革命——麦克卢汉媒介理论批评》，《深圳大学学报》，2000 年第 5 期，第 99 页。

[3] 戈登：《麦克卢汉的"指南针"指引着电子文字世界的远航》，转引自麦克卢汉：《谷登堡星光璀璨——印刷文明的诞生》，杨晨光译，北京理工大学出版社，2014 年，第 9—13 页。

介兴起的 19 世纪至 20 世纪这段时间内。那么在这之前的 18 世纪至 19 世纪，关于"媒介"的观念问题就被长期搁置了，也就是说早期关于"媒介"一词概念的界定就这么被遮蔽了。

从另一个角度来说，这一问题也导致了我们在追寻一些传播学者理论源头的时候会出现这样一种断裂，即我们在追寻他们关于媒介的理论之时，只能说这些学者受到了早期一些学者的影响，但"媒介"一词的具体影响方面是什么情况，我们却总是很难说清楚，其中典型的当属麦克卢汉的媒介理论以及哈贝马斯的媒介理论。

因此，本文选择以黑格尔的媒介观试做分析，来讨论他的媒介观念具体为何，并讨论后来传播学者关于"媒介"的理论到底如何受到他的影响。之所以选择黑格尔为对象，不仅因为他早期的报业生涯[①]，而且因为"媒介"一词在黑格尔的理论之中是一个重要概念。他认为"要讨论思和人心的问题，就必须讨论中介"[②]，在这里，中介与媒介实际上是同一个意思，讨论中介，实际上也就是在讨论媒介的问题。

媒介实际上是黑格尔哲学体系之中非常重要的一个概念，在黑格尔《精神现象学》之中就已经出现了这个概念。弄清"媒介"在黑格尔哲学之中意味着什么，是本文将要探讨的第一个主题。

弄清楚"媒介"在黑格尔哲学体系所处的地位之后，我们才能够探讨在宗教哲学之中黑格尔对媒介的看法，而黑格尔将它用来考察外来宗教与基督教之间的关系，也是我们将要讨论的重点，即本文要讨论的第二个主题。

最后需要说明的是，黑格尔处理"媒介"的方法在后来也被很多哲学家或是传播学者用于处理媒介的问题，而他们思考这些媒介的同时大多也与宗教撇不开关系，探讨在这之中宗教的因素则是我们要处理的第三个主题。

一、黑格尔的媒介观

当黑格尔使用媒介一词时，不同于一般情况下所使用的媒介（die Medien）。黑格尔所使用的词是 der Vemitller。这两个词在意思上稍有不同，中文有时会将 der Vemmittler 翻译为中介。《黑格尔辞典》对 der Vemmittler 有以下几种解释：（1）指居中者，即中间区域，是综合有差异的、对立规定的

[①] 辛彬：《黑格尔办报》，《新闻大学》1981 年第 1 期，第 82 页。
[②] 黑格尔：《精神现象学》，贺麟、王玖兴译，商务印书馆，1979 年，第 12 页。

第三者①。黑格尔认为并不存在任何直接者,我们所认知的世界中的万事万物都是有限的,有限之物都是被创造的。因此人如果要认识事物必须要经过中介,也就是黑格尔所说的"其中势必存在中介者和被中介者,关系与中介"②。中介指的是一种认知事物的中介,它除了指中间的区域,同时也指中介形成的过程,黑格尔在《精神现象学》中对此的表述是"中介是单纯的形成过程"③,它意指所谓的"中介"既指中介自身,又指一种过程,这种过程既是自我理解自身的过程,又是中介的过程。因此中介在此指的也是中介这一过程。因此中介是事物走向理解自己,并达到"绝对精神"必将经历的过程。这一解释与后来威廉斯在解释中介的时候相似,他将此解释为介入中间并调和④。在这中介过程之中,对于居中调和的事物,黑格尔即称之为媒介。也就是说,黑格尔在使用 der Vemitller 一词的时候有两种用法,当他指的是中介的过程时,所用的词就是"中介";而当他指的是中介过程之中作为中介的事物时,使用的则是媒介的意思,而媒介必定是事物中介过程时的媒介。因此作为中介过程之中的媒介是媒介必须有的属性。黑格尔在论述媒介时,认为媒介是无差别的⑤,也就是说,媒介应该是无处不在的,因为它是为了区分事物而出现的,当事物为了显现自身时,它必须通过媒介存在,向众多差别照射的那种个性的观点才能够显现出自身的那种否定性,即显现自身⑥。因此媒介的过程是事物显现自身的过程,即中介的过程。只要是在这个过程之中能够使事物观照自身,并重返自身的事物,就是媒介。因此媒介在事物之中,应该是一种"扬弃"的过程,事物自身通过媒介认识自己并上升。因此媒介在黑格尔的认识之中应是事物认识自身的一个过程,只有通过媒介,事物才能达到对自身的完整认识,进而成为一种"绝对精神"。

除了将媒介视为中介过程之中的中介,在自我通过媒介认知自我的过程之中,交互性也是黑格尔媒介观点的一大特色。虽然交互主体性是在 20 世纪才被提出的问题,但在近来已有很多学者认为黑格尔承认的观点实际上也就是一

---

① 张世英:《黑格尔辞典》,吉林人民出版社,1991年,第72—73页。
② 黑格尔:《宗教哲学》,魏庆征译,中国社会出版社,1999年,第127页。
③ 黑格尔:《精神现象学》,贺麟、王玖兴译,商务印书馆,1979年,第12页。
④ Williams, R. Keywords: A vocabulary of culture and society. Oxford: Oxford University Press, 2011, p. 205.
⑤ 黑格尔:《精神现象学》,贺麟、王玖兴译,商务印书馆,1979年,第77页。
⑥ 黑格尔:《精神现象学》,贺麟、王玖兴译,商务印书馆,1979年,第77页。

种交互主体性的观点①。哈贝马斯认为黑格尔是第一个提出现代性观点的人②，这种现代性即与交互主体性有着密不可分的关系。在黑格尔的时代，理性作为一个被建构起来的偶像，它错误地把知性以及反思放在了理性的位置之上，并进而将有限上升为绝对③。对于黑格尔来说，他实际上所做的事情与他反对的浪漫主义运动目标一致。在泰勒看来，黑格尔是将人理解成了一种媒介，而"我"则必须通过交通（comminion）来与自然进行交流，"我"是一个宇宙精神完成其存在不可或缺的媒介。④ 如果要使"我"能够进行交流，则必须承认相互双方的存在，这即是哈贝马斯认为的主体间性，即他认为的黑格尔的理性不能从主体性中推导出来⑤。为了克服这种理性不能够调和主体与客体的情况，黑格尔必须去寻找一种主体间的平衡，而不应是对主体的征服⑥。这种主体间性，黑格尔称之为"爱和生命"。他认为这种力量可以用来反抗以主体为中心的理性的权威。主客体的关系被主体间的交往中介取代。生动的精神是建立一种共同性的媒介，在这种共同性当中，一个主体既懂得与其他主体取得一致，又能够保持自我⑦。主体间性的说法，用黑格尔的术语来说就是相互承认⑧。

黑格尔的这种影响后来在哈贝马斯的著作之中也有所体现，哈贝马斯在《交往行动理论中》中阐述媒体在交往之中的作用时，严格区分了 die Medien 与 der Vemittler 的使用方式。在论述媒体作为交往过程之中的媒介时，即人与人之间的交互作用时，哈贝马斯用的一定是 der Vemittler 及其变形词。⑨ 不过哈贝马斯认为后来的黑格尔没有走上主体间性的路而走入发展绝对的概念，黑格尔一直是用民众宗教的观念来阐释伦理总体性观念。在民众宗教里，交往理性具有一种理想化的历史共同体形式，类似原始基督教的团契和希腊城

---

① 丁三东：《"承认"：黑格尔实践哲学的复兴》，《世界哲学》，2007年第2期，第81—91页；高全喜：《论相互承认的法权：〈精神现象学〉研究两篇》，北京大学出版社，2004年；哈贝马斯：《现代性的哲学话语》，曹卫东译，译林出版社，2011年，第27—58页。
② 哈贝马斯：《现代性的哲学话语》，曹卫东译，译林出版社，2011年，第6页。
③ 哈贝马斯：《现代性的哲学话语》，曹卫东译，译林出版社，2011年，第28页。
④ 泰勒：《黑格尔与现代社会》，徐文瑞译，联经出版事业公司，1999年，第14—18页。
⑤ 哈贝马斯：《现代性的哲学话语》，曹卫东译，译林出版社，2011年，第33页。
⑥ 哈贝马斯：《现代性的哲学话语》，曹卫东译，译林出版社，2011年，第35页。
⑦ 哈贝马斯：《现代性的哲学话语》，曹卫东译，译林出版社，2011年，第35页。
⑧ 赵林：《黑格尔的宗教哲学》，武汉大学出版社，2005年；丁三东：《"承认"：黑格尔实践哲学的复兴》，《世界哲学》，2007年第2期，第81—91页。
⑨ Habermas, J. *Theorie des kommunikativen Handelns band 2*, Frankfurt: Suhrkamp, 1995, pp. 352—420.

邦①。实际上后来黑格尔并没有放弃对这种交互性媒介观念的使用。黑格尔将这种媒介的交互性作为一种扬弃用在了基督教与印度教的对比上，通过两者的对比，黑格尔进而发展出了他自己的宗教理论，这也就是黑格尔对"媒介"观念的使用。

二、黑格尔宗教哲学中的媒介

黑格尔的媒介是中介过程之中的媒介，并具有交互性的特点。黑格尔对于"媒介"的使用必然会落到主体性之上，人的这种主体性本身就自然成了黑格尔所关注的焦点。尤其是在宗教领域，媒介至此就不再是"神"的问题了，黑格尔将"媒介"一次性地赋予了人，而人也将担负起作为"媒介"的使命。

黑格尔对宗教的考察首先需要从"思"谈起，他认为如果宗教体验仅诉诸感觉的话，这样的人最好让他们固执己见，因为与这群人的交流是不可能存在的②。在黑格尔的眼里，只有基于思想，宗教才可能存在，上帝借助思而存在。思作为一种中介的运动，其本身就是一种媒介③。这种媒介必须建立在交流的基础之上，如果没有交流以及媒介，上帝就不能显现自身，宗教也就不能存在。因此宗教的概念必须通过交往以及媒介才能够发展出来，黑格尔的宗教哲学实际上也是各类宗教不断交流经历中介过程形成的产物。他通过不断解释各类宗教形式，进而发展出了"绝对宗教"的概念。

在黑格尔对比的宗教之中，自然宗教是黑格尔首先提出的概念，在这一概念之中，被拿来做对比的是中国宗教以及印度宗教。黑格尔认为中国宗教首先是一个"度"的宗教，他认为度是本质的存在，即囊括一切之力，而这一种"度"实质上指的是统治的帝王，中国的宗教实质上是一种道德宗教，黑格尔认为将中国人视为无神论者也是可以的。但他认为实际上也有另外一拨人发展出了思的概念，即道家。在早期自然宗教的第一阶段，道家乃是意识之复返自身，以使意识在自身被赋予沉思。因此在中国的宗教之中，第一次出现了"思"。而在对印度宗教的讨论之中，黑格尔进一步指出思复返其自身就是思与自身的统一。在印度宗教中，黑格尔首先将神与人的关系定义为"我"与大梵天的关系。梵是思，人思之，梵因而在人的自我意识中有之。④ "思"在这里

---

① 哈贝马斯：《现代性的哲学话语》，曹卫东译，译林出版社，2011年，第36页。
② 黑格尔：《宗教哲学》，魏庆征译，中国社会出版社，1999年，第101页。
③ 黑格尔：《宗教哲学》，魏庆征译，中国社会出版社，1999年，第93—102页。
④ 黑格尔：《宗教哲学》，魏庆征译，中国社会出版社，1999年，第289页。

实际上就是作为"我"的一种媒介,人通过自身的思考来完成与神的交往。同时,它思自身,对自身如此表象,知自身为梵①,梵也需要通过思来认识自己,而人与梵则通过"思"这一媒介联系在了一起,"思"是人与梵在中介过程之中的媒介。因此在黑格尔看来,每一个印度教徒皆可通过思这一媒介来认识梵;梵乃是唯一者、思的抽象:既然人致力于集中于自身,它便是梵。② 也就是说,在印度教中,通过"思"这一媒介,黑格尔完成了人与神"交互主体性"的思考。

有了主体的交互性之后,黑格尔进一步思考的是这两种主体是否能够相互转换的问题。在这里,黑格尔明确否认了人能够成为"梵"的可能,即对"我即是梵"的反对。他描述印度教有一个特殊的规定,即婆罗门皆被视为"大梵天"。但实际之中的大梵天与其他种姓之间却存在一道隔阂,较低种姓者触及大梵天则难逃活命。③ 据此黑格尔认为梵之独存的思,实际上不存在于其他统一体的生动关联,黑格尔称之为联系断绝。④ 通过实例的证明,黑格尔虽然承认了人与神交互主体性的存在,但这种人与神之间的交互主体性并不存在于印度宗教之中。

需要说明的是,媒介在黑格尔那里成了一个重要概念,人在理解神的道路上需要以媒介作为扬弃的过程,而黑格尔亦是通过对其他宗教的思考,并以这种思考作为一种媒介将这一观念转移到了对基督教的思考之上。后来他对基督教的思考实则是以对其他宗教的思考来作为媒介重新理解基督教的,因此在黑格尔那里,对"绝对宗教"的改造乃是在与其他宗教的交往之中才能够完成的,通过对其他宗教的考察,以对其他宗教的思考作为媒介,"绝对宗教"才能在自我意识之中完成扬弃,进而认识自身。印度教与基督教的结合本身就是一种交互性的体现。因此在现实之中,黑格尔首先将自己的思想作为媒介,来实现印度教与基督教交互主体性。

在黑格尔的"绝对宗教"概念之中,他直接将宗教归结为神的自我意识。⑤ 而意识具有物件,并在这一物件中意识自身,因此黑格尔认为神就是自我意识。而这种自我意识知其与神同一,这种"知"被黑格尔定义为有限性的否定所中介的同一,即一种已经扬弃了的知识,亦即成为精神。由此黑格尔认

---

① 黑格尔:《宗教哲学》,魏庆征译,中国社会出版社,1999 年,第 290 页。
② 黑格尔:《宗教哲学》,魏庆征译,中国社会出版社,1999 年,第 201 页。
③ 黑格尔:《宗教哲学》,魏庆征译,中国社会出版社,1999 年,第 297 页。
④ 黑格尔:《宗教哲学》,魏庆征译,中国社会出版社,1999 年,第 207 页。
⑤ 黑格尔:《宗教哲学》,魏庆征译,中国社会出版社,1999 年,第 594 页。

为神是精神，而且正是其社团的精神，亦即其崇拜者的精神，这是圆满的宗教，为自身而成为客观者的概念。在这里，黑格尔的主体与客体成了统一的存在进而形成了一种交互主体的概念。这一概念明显源于印度宗教的"它思自身，知自身为梵"的概念。黑格尔接受了印度宗教之中人人都可以成为"梵"的概念，并将其运用于基督教。在如何认识神的问题上，黑格尔一再沿用中国宗教（指道教）以及印度宗教的方式来解释基督教，认为基督教也是一种意识复返自身的宗教。而在这里人本身即成了一种媒介，人是通向神的媒介，而神要认识这个世界，就必须要通过人类的意识来认识世界。信仰并非与他者的关系，而是与上帝本身的关系。[1] 只是在这里与印度教不同的是，黑格尔承认了人认识神的可能性，但这并不代表人就能够成为神，在这里人与神的关系就是一种交互主体性的关系。

原先作为神的媒介的社团（即教会）的概念也发生了变化，原先神通过媒介来传递福音给地下的人，教会在这之中应是作为基督与人之间的媒介，人应当通过教会而达到感知上帝的目的。但在黑格尔的概念之中，社团的概念却完全不是如此。对于人来说，人者是现存的、直接的上帝[2]，社团的意识，从人到神，到神的自然与人的自然的统一和结合的直观、意识、确信之国度——这就是社团的开端，并成为社团所基于的真理。社团乃是作为精神的统一体而存在的，人通过灵的中介而认识上帝，社团的范围是灵本身的领域，圣灵注入众门徒，他是他们的内在性的声明；嗣后，他们作为社团而存在，并欣悦地进入世界，以使其升至普遍社团，并扩展圣灵的王国。而对后来的教徒来说，社团是筹划者，促使主体臻于真理，为自身把握真理。人既在教会之中通过学习与过往的主体（门徒）进行交流，也和社团之中的各主体进行交流。在这层意义上来说，社团确实是媒介，是一种促进各主体之间进行交往的媒介，通过教会，人与人之间的相互理解进一步加深，并由此能够进一步认识自己，通过进一步完善的"思"，从而完成认识神的过程。由此媒介的意义由神下移到了人的身上，媒介存在的意义是为了在中介过程之中完成人对自己的认识，进而认识上帝，社团在这里作为一种媒介是为了促进人与人之间交互主体性的发展，进而完成人与神的交往，通过人认识神的过程，神才能够认识自身。由此，媒介的意义在黑格尔这里不再仅仅只是一种获取外界信息的手段，它也是一种主体发现自己的过程，而这一过程是交互主体的过程。

---

[1] 黑格尔：《宗教哲学》，魏庆征译，中国社会出版社，1999年，第690页。
[2] 黑格尔：《宗教哲学》，魏庆征译，中国社会出版社，1999年，第689页。

三、黑格尔媒介观念的影响

当媒介的角色由单一的手段变为一种主体认识自己的交互过程之后，媒介就不仅仅是获取信息的手段，而有了其他的意义。黑格尔的这一观念后来也影响了许多学者，而媒介的概念也因为这种变化有了更多的意义。

马克思认同了黑格尔的媒介观念，认为人的各种目的通过自然过程的中介才得到实现，人如果想在任何历史条件下生活，面对不可废弃的物的世界，必须使之成为为我之物，以为生存之需。① 当这种物成为我之物以后，物作为中介也中介着人们的社会关系，一切社会关系以自然物为中介，反之亦然。这些关系总是"人与人之间的和人与自然之间的关系"②。在这里马克思与费尔巴哈一样批判了黑格尔绝对的自我意识作为一切物件的根基，扬弃不存在于哲学的思辨之中，而存在于人与自然的现实中介之最高形式的社会之内；在那里作为有用劳动，是不以一切社会形势为转移的人类生存条件，是人和自然之间的物质即人类生活得以实现的永恒的自然性。③ 由此媒介在马克思这里不仅存在精神世界之中，人与人之间的交往也是一种必须通过自然中介的交往。正如马克思所说："思想、观念、意识的生产最初是直接与人们的物质活动，与人们的物质交往，与现实生活的语言交织在一起。人们的想象、思想、精神交往在这里还是人们物质活动的直接产物。"④ 马克思在黑格尔之上进一步地将媒介拉向了现实一面，媒介只能源于人们的物质生活之中，媒介也是人们日常生活的一个过程。

除了马克思，批判传统之下受黑格尔影响很深的当属哈贝马斯了，哈贝马斯在他的文章中不止一次地提到黑格尔的思想，他认为实际上黑格尔的理性思想之中早已蕴含着交往理性的思想，只是黑格尔并未深入发掘。在早期作品《作为意识形态的技术与科学》之中，哈贝马斯就认为黑格尔的精神是自我同另一个自我赖以沟通的媒介（das medium），而两个自我则是在这种媒介之中才成为交互主体的。意识作为中介（die Mitte）而存在，诸个体在中介里相互

---

① 参见施密特：《马克思的自然概念》，欧力同、吴仲昉译，商务印书馆，1988年。
② 参见施密特：《马克思的自然概念》，欧力同、吴仲昉译，商务印书馆，1988年。
③ 参见施密特：《马克思的自然概念》，欧力同、吴仲昉译，商务印书馆，1988年。
④ 陈力丹：《精神交往论：马克思恩格斯的传播观》，中国人民大学出版社，2008年，第10页。

接触。① 后来在《现代性的哲学话语》之中，哈贝马斯则将这种主体间性的分析用在了宗教与现代社会的关系之中，他认为启蒙运动所引起并强化的当代宗教的实证性和道德实证主义，都反映了"时代的困境"，人要么成为客体遭受压迫，要么把自然当作客体加以压迫。因此黑格尔在《基督教精神及其命运》之中提出了"和解理性"来阐明这种理性如何让主题感受到它一体化的力量，即主体与客体的一体化，也就是一种交互主体性。② 哈贝马斯在黑格尔那里发现了交互主体性，并借此发展了他的交往理论，前文也已经说明哈贝马斯在他的《交往行动理论》之中沿用了黑格尔关于媒介的概念。当然，实际上不仅仅是哈贝马斯受到了这一影响，法兰克福学派本身就受黑格尔这一观念的影响极深，由于篇幅所限，这里仅举一例，在马尔库塞所著的《单向度的人》之中，除了文中所讲的单向度的人，单向度的思想，包括媒介，在马尔库塞看来都是单向度的，即"Mieden"，在该书之中，所有译为媒介的都是"die Mieden"③。因为在马尔库塞看来，单向度的思想是由新闻信息的提供即媒介来推进的④，而现代的媒介在马尔库塞看来是一种单向度的，缺少相互交流的媒介，所以这种缺少交互主体性的媒体也只能用"Mieden"来称谓，此时的媒介就只能是一种单向度的媒介。

另外一位受到黑格尔影响较多的学者则是加拿大的米歇尔·麦克卢汉，他的论断"媒介是人身体的延伸"实际上就包含了另外一层含义，就是说人是一种媒介，格罗斯威尔说麦克卢汉的方法不是机械的技术决定论，其方法与黑格尔和马克思主义的辩证法一脉相承。⑤ 媒介在改变社会结构的同时，它本身也在扬弃着一些东西来促进人的发展。因此在麦克卢汉的媒介思想之中，人们通过媒介获取的信息实质上也是作为人的媒介一种重返自身的过程。同样的，麦克卢汉受制于天主教背景，他在著述之中也曾经说过"媒介即弥撒"⑥，如果媒介是人本身的话，麦克卢汉在这里想说的与黑格尔的看法应当一致。人类通

---

① 哈贝马斯：《作为意识形态的技术与科学》，李黎、郭官义译，学林出版社，1999年，第3—38页。

② 哈贝马斯：《现代性的哲学话语》，曹卫东译，译林出版社，2011年，第27—58页。

③ Marcus, H. Der eindimensionale Mensch : Studien zur Ideologie der fortgeschrittenen Industriegesellchaf. tLuchterhand, 1967.

④ 马尔库塞：《单向度的人》，刘继译，上海译文出版社，1989年，第14页。

⑤ Grosswiler, P. "The impact of media and images on foreign policy: Elite US newspaper editorial coverage of surviving communist countries in the post-Cold War" era. *News Media & Foreign Relations*. Norwood: Ablex Publishing, 1996, pp. 211−224.

⑥ Schuchardt, R. M. "The Medium Is the Messiah: McLuhan's Religion and Its Relationship to His Media Theory", Renascence Essays on *Values in Literature*, 2011, p. 64.

过各种各样的媒介延续自身并通过这种延伸来了解自己，并进一步完成对神的认识。当然麦克卢汉实际上更强调作为媒介辩证法的另外一面，即否定的一面。他认为媒介在作为人身体延伸的同时，也同样改变了人们的认识，媒介本身并不仅仅是作为一种客观化的中介而存在，媒介本身作为一种主体，在人们使用的过程之中应体现一种交互主体性，正如唐·伊德所揭示的那样，借助技术将实践具身化，这最终是一种与世界的生存方式。[1] 因此后来有学者评论说麦克卢汉的继承者莱文森在思考媒介环境学派时，始终摆脱不了一种黑格尔主义的困境，实际上是源于媒介环境学派从一开始就已经处在黑格尔的影响之下了。[2]

四、结语

密涅瓦的猫头鹰要等到黄昏到来，才会起飞。[3] 黑格尔这一对哲学的理想描述乃是指现实完全成熟之后，才会出现的状况；但思想或人类本身并不会停留在原地。因此只有通过媒介来不断完成中介的过程，人与人之间通过不断交流，这种理想状况才能够显现。

作者：杜恺健，中国传媒大学新闻学院讲师。

---

[1] 伊德：《技术与生活世界》，韩连庆译，北京大学出版社，2012年，第72页。
[2] 胡翌霖：《技术的"自然选择"——莱文森媒介进化论批评》，《国际新闻界》2013年第2期。
[3] 黑格尔：《精神现象学》，贺麟、王玖兴译，商务印书馆，1979年，第12页。

ature of life, our world becomes more complete and civilized. We continue to learn about our neighbors, our society, and ourselves.
三、传播社会学研究

谣言研究的知识演进考察：概念辨析、学科范式与趋势展望

马 超

内容摘要：文章从跨学科的视域出发，采用中西对比的视角，对国内外心理学、社会学、历史学、经济学、传播学、自然科学等多个学科的谣言研究路径进行了系统爬梳。研究发现，当前国内的谣言研究存在基本概念混淆、学科视角单一、实用主义取向明显等问题。文章指出，未来的谣言研究应该从三个方面着力：研究方法上重视质性方法的补齐，关注对象上注重企业/组织内外部的谣言研究，谣言治理重心由"管控"转向"事实核查"。

关键词：谣言传播史 流言 谣言定义 谣言治理

一、引言

谣言，作为一种"世界最古老的传媒"[①]，自人类产生交流活动起便已出现。在传统社会中，谣言以人际口头传播为主，人们主要依靠耳朵"听"谣言。在互联网时代，谣言转变为以网际的大众传播为主，内容的数字化和形式的多媒体性，使人们开始用眼睛去"看"谣言。传播渠道的变化不仅意味着谣言接收方式的改变，同时昭示着谣言传播时空观的嬗变。在集体记忆的沉淀下，谣言得以在时间上延续；在社会网络的交互中，谣言得以在空间上延展。它可以超越国家的疆域、地理的区隔、历史传统和文化的差异，传播范围越广，社会影响也越大。如今，谣言研究已然成了一门"显学"，吸引了不同学科研究者关注的目光。

然而纵观过往文献，谣言研究中的几个问题始终未能得到全面厘清。一是国内外学者在有关谣言的概念界定问题上尚未达成共识，围绕谣言"真"与

---

① 参见卡普费雷：《谣言：世界最古老的传媒》，郑若麟译，上海人民出版社，2008年。

"假"的本质、"证实"与"证伪"的可能性、"正面"与"负面"的性质问题始终争论不休。后续的研究者甚至对谣言的定义问题避而不谈，不加区别而直接默认自己所研究的对象为"谣言"，这导致"谣言"与"流言""都市传奇"等概念混淆不清，甚至误用。

二是跨学科的研究框架始终未能搭建成型。当前，不同学科研究者在谣言研究的版图上各自为政、单打独斗，他们往往从自己学科的范式出发，针对谣言的产生原因、扩散范围、治理机制等单一维度进行探究，缺乏系统、宏观的研究视野，更缺乏必要的学术交流和互补借鉴。学科之间故步自封、陈陈相因，久而久之，容易导致学术研究的内卷化和创新的"结构性贫困"[①]。

三是谣言研究呈现出明显的实用主义功利取向，本末倒置的研究现状尚未引起学界重视。如今，越来越多的研究者开始关注谣言的舆情监测与舆论引导等现实热点问题，但越来越少的研究者愿意去探讨谣言的成因机制等基础学理问题。诸如"在什么条件下最容易滋生谣言""人们为什么会相信谣言""公众为何会分享和传播谣言"这类学理上的核心关切如果得不到解决就直接去探讨谣言的监测措施和治理对策，无异于舍本逐末。

针对上述现象和问题，本文从谣言研究的跨学科视域出发，对各个学科的谣言研究进路进行系统爬梳，同时以中西对比的视角，勾勒出一幅谣言研究的"知识地图"，并对未来的研究方向做进一步展望。

二、谣言的内涵界定及相近概念辨析

（一）谣言的定义

无论是国内还是国外，学界对于谣言的定义林林总总、五花八门，众说纷纭而又莫衷一是。国内方面，刘建明认为谣言是"在社会公众中暗中传播的小道消息，其内容一般不宜公开"[②]。苏萍指出，谣言是一种"旨在使人相信的宣言，它与当前的时事有关，在未经官方证实的情况下广泛流传"[③]。金屏将谣言定义为"由隐形问题引发的以消息形式表达的民众议论"[④]。雷霞将谣言

---

① 张涛甫：《新闻传播理论的结构性贫困》，《新闻记者》，2014年第9期。
② 刘建明：《舆论宣传学大辞典》，经济日报出版社，1993年，第341页。
③ 苏萍：《谣言与近代教案》，上海远东出版社，2001年，第6页。
④ 参见金屏：《谣言：概念的反思及其对现代社会的启示》，《中北大学学报》（社会科学版），2010年第1期。

定义为"被广泛传播的、含有极大不确定性的信息"①。沙莲香将谣言定义为"某些人或团体、组织、国家,根据特定的动机和愿望,散布的一种内容没有得到确认的、缺乏事实根据的、通过自然发生的、在非组织的连锁性传播通路中所流传的信息"②。

在西方,美国学者奥尔波特(Allport)和波斯特曼(Postman)在《谣言心理学》一书中将谣言定义为"通常以口头形式在人们中传播的,目前没有可靠证明标准的特殊陈述"③。纳普(Knapp)认为,谣言是"参照某种主题而旨在使人相信的命题,在未经官方证实的情况下流传"④。社会学家戴维·波普洛(David Popenoe)将谣言定义为"人与人之间非正式的,通常是口头传播的未经证实的消息"⑤;法恩(Fine)将谣言定义为"广泛传播的没有可靠证据的某一类话题的说法"⑥";史密斯(Smith)等人把谣言的定义为"起源和有效性都不明确的人际间传说"⑦;希布塔尼(Shibutani)对谣言的定义为"一群人在议论中产生的即兴新闻"⑧。彼得森(Peterson)和吉斯特(Gist)将谣言定义为"在人与人之间流传的关于某种事物、事件或议题的未经证实的叙述和阐释"⑨。

尽管中外学者在谣言的定义问题上各执一词,但本文认为,总体而言谣言定义中有五对范畴值得辨析。

第一对范畴是判定标准中的证实与证伪问题。比如迪方佐(Difonzo)和博蒂亚(Bordia)认为谣言的特点在于"是一种未经证实的信息"⑩;巴克纳

---

① 参见雷霞:《"信息拼图"在谣言传播中的作用研究》,《新闻与传播研究》,2014年第7期。
② 沙莲香:《社会心理学》(第二版),中国人民大学出版社,2006年,第283—284页。
③ 奥尔波特等:《谣言心理学》,刘水平、梁元元、黄鹂译,辽宁教育出版社,2003年,序言。
④ Knapp, R. H. "A psychology of rumor", *Public Opinion Quarterly*, vol. 8, no. 1, 1944, pp. 22—37.
⑤ 波普洛:《社会学》(第十一版),李强等译,中国人民大学出版社,2007年,第659页。
⑥ Fine, G. A. "Rumor, Trust and Civil Society: Collective Memory and Cultures of Judgment", *Diogenes*, vol. 54, no. 1, 2007, pp. 5—18.
⑦ Smith, L. C., Lucas, K. J. & Latkin, C. "Rumor and gossip: Social discourse on HIV and AIDS", *Anthropology & Medicine*, vol. 6, no. 1, 1999, pp. 121—131.
⑧ Shibutani, T. *Improvised news: A sociological study of rumor*. Indianapolis: Bobbs-Merrill, 1966, p. 117.
⑨ Peterson, W. A., Gist, N. P., "Rumor and Public Opinion", *American Journal of Sociology*, vol. 57, no. 2, 1951, pp. 159—167.
⑩ Difonzo, N. & Bordia, P. "Rumor, Gossip and Urban Legends", *Diogenes*, vol. 54, no. 1, 2007, pp. 19—35.

(Buckner)也认为,谣言的本质在于未经证实性[①]。这里就涉及两个问题:第一,是否所有说法都可以被证实。尤其是一些科技类或者健康类事物,由于人们认知的局限性,现有的技术和条件下并不能完全确证。第二,某个说法由谁来证实。如果是一个涉及国家利益的问题,可由官方出面组织人员调查,然后公布事实真相,这样通常较容易得到公众认可。而如果是涉及某个企业或组织的谣言,那么谣言由该组织的人员出面证实即可,但如果该组织的成员说谎,又谈何证实?

第二对范畴是谣言性质的真与假问题。早期研究者往往认定谣言传播的内容是虚假的,典型的如刘建明在各类舆论学教材里对谣言的定义——"谣言是一种以公开或私下渠道传播的、公众感兴趣的、没有事实根据的虚假事件"[②]。有的国外学者提出,"谣言之所以有人相信,正因为谣言经常最终被发现是'真实的'"[③];法恩也认为谣言可真可假,虚假并非谣言的特点[④]。国内部分学者发现,谣言的产生与传播是一个动态的过程,人们对谣言真伪的认识也是一个渐进发展的过程。

第三对范畴是辟谣主体是官方还是非官方的问题。比如美国学者纳普将谣言定义为"旨在使人们相信的一种命题,它与时事有关,在未经官方证实的情况下流传"[⑤]。此外,法国学者卡普费雷也不从"未经证实"角度看谣言,而是从"非官方来源"来定义谣言。卡普费雷认为谣言的特点包括三方面:一是谣言中可能包含着真实的成分,二是谣言是通过非官方渠道传播的,三是谣言是一种反权力[⑥]。

卡普费雷的观点跳出了"真"与"假"的窠臼,不仅从谣言的来源和传播渠道对其进行了定义,"非官方"的定义更是将其放在了政治社会的内涵中考量。即便如此,卡普费雷的观点也有疏漏之处。一是如果以是否为"官方"来源来定义的话,那么国际关系中的谣言又如何认定哪一国是"官方",哪一国

[①] Buckner, H. T. "A theory of rumor transmission", *The public opinion quarterly*, vol. 29, no. 1, 1965, pp. 54—70.

[②] 刘建明、纪中慧、王莉丽:《舆论学概论》,中国传媒大学出版社,2009年,第103页。

[③] 卡普费雷:《谣言:世界上最古老的传媒》,郑若麟译,上海人民出版社,2008年,第7页。

[④] Fine, G. A. "Rumor, Trust and Civil Society: Collective Memory and Cultures of Judgment", *Diogenes*, vol. 54, no. 1, 2007, pp. 5—18.

[⑤] Knapp. R. H. "A psychology of rumor", *The public opinion quarterly*, vol. 8, no. 1, 1944, pp. 22—37.

[⑥] 卡普费雷:《谣言:世界上最古老的传媒》,郑若麟译,上海人民出版社,2008年,第16—17页。

是"非官方"？二是商业上或者生活中一些涉及社会组织和企业的谣言并不指向官方，而是通过这些组织机构的当事人或者第三方专业机构出面即可证伪。三是即便是官方，也有说谎的时候，比如古罗马的皇帝任命的公共谣言监察，其职责不仅包括向皇帝报告自己听到的谣言，而且必要时还可以利用自己编造的谣言发动一场反击战[①]。

第四对范畴是谣言的影响是正面还是负面的问题。从常规的视角看来，谣言作为一种负面的舆论，给政治、经济、社会生活带来了极大的不利影响，甚至有人将其比喻为"潘朵拉手中放出的魔鬼"[②]，鲁迅也将其称之为"杀人不见血的武器"[③]。然而如今越来越多的学者认识到，谣言的产生有着复杂的现实根源，在治理谣言的同时也要深刻反思谣言中传递出的民意诉求。

第五对范畴是谣言传播动机的主观与客观问题。许多学者都认为，谣言是指有人带着某种意图刻意散布的信息。典型的如沙莲香对谣言的定义"某些人或团体、组织、国家，根据特定的动机和愿望，散布的一种内容没有得到确认的、缺乏事实根据的、通过自然发生的、在非组织的连锁性传播通路中所流传的信息"[④]。但这种说法忽略了两种情况：第一是忽略了传谣者本身的接受心理。当某种充满不确定性的信息流通时，有人相信它是真的，也有人相信它是假的，还有人未置可否。对于相信是真的接收者而言，其二次传播可能就并非主观恶意。第二是忽略了接收者的记忆偏误和理解能力。奥尔波特等人经实验发现，谣言在传播中存在着明显的变异现象。也就是说，谣言原本或许只是人们在转述事实过程中无意间的省略、添加造成的，或者说信息的初始接受者错误理解了谈话人的意思，在转述过程中出现扭曲而引发了谣言。因此，我们不能一味认定谣言都是人们主观捏造的。

在廓清这些认识的基础上，本文提出了关于谣言的定义：以某人物、事件、现象或问题为特定指称的，通过各种媒介渠道广泛传播的不符合客观事实的信息，具有正面或负面的不同影响。

这个定义包含了如下几个要点。

第一，谣言的传播具有特定的指向性。谣言大多有一定指向性，要么是关于某个（类）人的谣言，要么是附着于一定事件之中，要么是针对某个现象或

---

① 奥尔波特等：《谣言心理学》刘水平、梁元元、黄鹂译，辽宁教育出版社，2003年，第114页。
② 江万秀、雷才明、江凤贤：《谣言透视》. 群众出版社. 1991年，第1页。
③ 鲁迅：《鲁迅全集》（第四卷），人民文学出版社，1980年，第595页。
④ 沙莲香：《社会心理学》，中国人民大学出版社，2006年，第283-284页。

问题。总之，如果没有特定的人物、事件、现象或问题为指称，谣言便没有依附对象，因此也没有生命力。

第二，谣言的传播渠道。早年间学界在对谣言下定义时，认为谣言主要通过人际间的口头传播，这是因为当时的技术和媒介并不发达。在新媒体时代，谣言既有通过传统人际交往传播的，也有借助网络新媒体扩散的，更多的是通过线上线下交互传播。因此本定义中没有明确限定某种渠道，而是将其定义为"通过各种渠道"来囊括谣言的传播渠道。

第三是把握谣言广泛传播的特点。王国华等人指出，一个未经证实的消息没有得到广泛传播只能算虚假消息而不能说是谣言[①]。本文也认为，如果一个消息只是在很窄的范围内流通，就不能上升到谣言的高度。谣言之所以影响重大、引人关切，其中一个重要特点就是其传播具有广泛性。至于如何度量"广泛"这个抽象的概念，的确难有统一的标准。本文认为"广泛"是与"狭窄"对应的，指一个消息的影响面超过了一定范围。如果一定要量化的话，我们或许可以参考2013年9月"两高"公布的《最高人民法院、最高人民检察院关于办理利用信息网络实施诽谤等刑事案件适用法律若干问题的解释》中提到的"同一诽谤信息实际被点击、浏览次数达到五千次以上，或者被转发次数达到五百次以上"规定，将实际传播范围超过五千人作为一个标准。

第四是关于谣言的属性问题，谣言作为一种复杂的社会现象，我们对其的认识不能囿于单纯的价值判断。如果仅仅从真假角度来辨析的话，很容易掩盖谣言背后的实质性问题。正如上文所分析的，学者们对于谣言"真""假"的性质争议和"官方""非官方"的界定并不能帮助我们有效了解谣言的实质。于是本文从马克思主义唯物论的角度出发，以是否符合客观事实的本来面貌作为衡量谣言的标准。对于任何问题，无论当时是否被证伪或证实，事实本身只有一个真相。

（二）谣言、流言、都市传说的翻译与区别

在梳理国内外文献时我们发现，学界对 rumor 一词有着不同译法，多数学者将其翻译为"谣言"。典型的如早年国内学者将奥尔波特和波斯特曼所著的 *The psychology of Rumor* 翻译为《谣言心理学》；郑若麟将法国学者卡普费雷的 *Rumeurs: le plus vieux média du monde* 翻译为《谣言：世界上最古老

---

① 王国华、方付建、陈强：《网络谣言传导：过程、动因与根源——以地震谣言为例》，《北京理工大学学报》（社会科学版），2011年第2期。

的传媒");顾牧将德国学者诺伊鲍尔所著的 FAMA 一书翻译为《谣言女神》①;唐家龙将法国学者勒莫的著作翻译为《黑寡妇——谣言的示意及传播》②。当然,也有部分学者将 rumor/rumeur 翻译为"流言"。例如唐晖等人将罗斯诺所著的 Rumor 一书翻译为《流言》③。

这里首先涉及"谣言""流言"两个概念的翻译问题。笔者查阅大量文献后发现,包括周裕琼、严富昌在内的多数研究者都认可"谣言"对应的翻译为rumor,"流言"对应的翻译为gossip,还有一个容易混淆的概念"都市传说",对应的英语单词为 urban legend。本文也认同上述译法。

接下来本文对这些概念做进一步辨析。我们先从古人的智慧中寻找答案。在我国古代,"谣言"一词最早见于《后汉书》。《后汉书·杜诗传赞》提到"诗守南楚,民作谣言"④。此处的"谣言"有褒义的"赞颂"之意。《后汉书·刘焉传》中又写道:"在政烦忧,谣言远闻。"⑤ 这里的"谣言"则有贬义的"诋毁"之意。而在《后汉书·蔡邕传》中记载了东汉有"三公谣言奏事"⑥ 的制度。这里的谣言则既有颂赞,又有诽谤的意思。由此可见,古籍中"谣言"一词具有正面、负面和两者兼有的三种性质。

"流言"最早见于《尚书》。《周书·金縢》中记载:"武王既丧,叔及其群弟乃流言于国,曰:'公将不利于孺子'。"⑦《荀子·致士》中也提到"凡流言、流说、流事、流谋、流誉、流想,不官而衡至者,君子慎之"。对此,王先谦注释道:"流者,无根源之谓。想,潛也。"⑧ 由此可见,古代的"流言"都有无根源、无确证的意思,但并没有性质上的好坏区分。

而在今人看来,国内学者对流言和谣言两个概念性质的阐述也模棱两可。比如周晓虹认为,根据制造者的动机可以将传言细分为流言和谣言。他认为流言很大程度上属于无意识传播,而谣言则是有目的捏造,一般怀有恶意。但在生活中我们一般无法确定制造者和传播者的动机,因此也无法区分是流言还是谣言,所以将其统称为传言⑨。

---

① 参见诺伊鲍尔:《谣言女神》,顾牧译,中信出版社,2004年。
② 参见勒莫:《黑寡妇——谣言的示意及传播》,唐家龙译,商务印书馆,1999年。
③ 参见罗斯诺、费恩:《流言》,唐晖、李华、钱孟姗译,国际文化出版公司,1990年。
④ 范晔:《后汉书》,中华书局,卷三一,1965年,第1115页。
⑤ 范晔:《后汉书》,中华书局,卷七五,1965年,第2431页.
⑥ 范晔:《后汉书》,中华书局,卷六十下,1965年,第1996页。
⑦ 佚名:《尚书》,中华书局,2009年,第148页。
⑧ 王先谦:《荀子集解》,中华书局,1988年,第259页。
⑨ 周晓虹:《社会心理学》,高等教育出版社,2008年,第236页。

徐锦江认为,"谣言"一词包含的感情色彩过于浓厚,而"流言"一词则呈中性。因此选择"流言"更适合作学术上的称谓[1];王正祥在引用国外文献时也将 rumor 翻译为谣言,将 gossip 译为流言。但在实证研究中却选择将两者统称为"传言";陈力丹指出,一些学者花了不少工夫以主观动机来区分流言和谣言,但其实很难完成这种划分。在陈力丹看来,谣言和流言的原文概念是同一个[2]。还有研究者认为,在英语中表示谣言的是 rumor 一词,但该词常常被翻译为流言、传闻、传言、谣传,因此"严格区分这几个词之间概念的差异意义不大"[3]。

国内从古到今的文献提示我们,不仅从性质上区分"谣言"和"流言"是十分困难的,而且从动机上想要划清两者界限也是难以操作的。于是不少学者选择了"近似论"的权宜之策。

西方学者对三个相近词语的细微区别进行了深入辨析。迪方佐和博蒂亚两位谣言研究专家从语境(context)、功能(function)和内容(content)三个层面区分了谣言、流言和都市传说。他们指出,谣言(rumor)是指"在模糊的、危险的或具有潜在威胁的情境中传播的未经证实的相关信息,这些信息可以帮助人们理解和管理风险"。而流言(gossip)是指"在社交网络形成、发展、维护的情境中,关于个人的评价性交谈,其作用包括娱乐调侃、建立、改变和维护团体规范、权力结构及其团队成员之间的关系"[4]。两人认为流言的作用在于减少社会孤立、获得集体归属感、寻求团体认同、建立新的社交圈、提升个人社会地位和威信等,甚至可以通过负面流言来破坏现存关系[5]。

随后他们总结了两者的区别:谣言涉及的是紧急的、重要的、有用的信息,而流言指涉的信息不一定很重要;谣言像新闻一样具有一定引人兴趣的特质,而流言只是闲言碎语般的交谈;谣言不一定仅仅关系到个人,而流言通常是涉及个人隐私的谈话。谣言、流言、都市传说三者的特点分别如下表所示:

---

[1] 徐锦江:《流言导读》,上海文艺出版社,2004 年,第 162 页。
[2] 陈力丹:《舆论学——舆论导向研究》,中国广播电视出版社,1999 年,第 102 页。
[3] 胡钰:《大众传播效果:问题与对策》,新华出版社,2000 年,第 116 页。
[4] Difonzo, N., Bordia, P. "Rumor, Gossip and Urban Legends", *Diogenes*, vol. 54, no. 1, 2007, pp. 19–35.
[5] Difonzo, N., Bordia, P. *Rumor Psychology: Social and Organizational Approaches*. Washington, DC: American Psychological Association, 2007, p. 19.

表1 谣言、流言和都市传说的区别[1]

分类	语境	内容	功能
谣言	模糊的或威胁的场景中	未经证实的实用性信息或陈述	获得社会认知、管理威胁情景
流言	建立和维护社群的场景中	有关个体私人生活的评论	建立、改变或维系群体认同、社群规范和社群权力结构
都市传说	意义寻求的场景中	带有幽默或恐怖性质的故事描述	建立、维护或传承文化价值观或纯粹娱乐调侃目的

在对两个概念进行辨析后,两位学者也承认,流言和谣言有时候很难区分。

此外,其他学者也对流言的特点进行过辨析。如罗斯诺和法恩认为,流言是指"一种关于另类事务的新闻,以口头或书面形式传播的关于个人自白抑或是任何正面或负面的关于个人特质的传言"[2]。从该定义可以看出,流言的典型特征在于私人性。

史密斯(Smith)等人认为流言(gossip)有三个显著特点[3]:一是流言只在特定的社交圈内传播,而谣言包含的信息通常会引起广大公众的共同兴趣。二是传者之间的社会关系。分享流言的过程是传者、接受者和当事人关系亲密的体现。三是流言可被视为一种社会控制的手段,可以发起社会规范,引导圈内成员的行为与团体的价值规范和目标相一致。

从上述学者的论述中,我们可以大致归纳出谣言与流言的区别:从涉事主体看,谣言通常涉及的是公众人物或者具有较大影响的事件,而流言往往涉及的是私人事务;从影响范围来看,谣言的流传范围较广,而流言只是在熟人圈子内传播;从传播形式来看,谣言主要以大众传播,多对多的传播形式为主,而流言常常是口头形式的人际传播、群体传播为主;从作用功能上看,谣言的传播包括寻求认知信息,解决社会问题等,而流言的传播则以寻求群体认同、维护团体关系为主。

除了令人容易混淆的谣言和流言,西方还有"都市传说"(Urban Legend)

---

[1] Difonzo, N., Bordia, P. *Rumor psychology: Social and organizational Approaches*. Washington, DC: American Psychological Association, 2007, p.14.

[2] Rosnow, R. L. & Fine, G. A. *Rumor and gossip: the Social Psychology of Hearsay*. New York: Elseviw, 1976, p.87.

[3] Smith, L. C., Lucas, K. J. & Latkin, C. "Rumor and gossip: Social Discourse on HIV and AIDS", *Anthropology & Medicine*, vol.6, no.1, 1999, pp.121-131.

的说法。迪方佐和博蒂亚将都市传说定义为：现代社会中发生的不寻常的、诙谐的或可怕的故事，描述的事情可能真的发生过，也可能没有发生过，事件发生的时间和地点总是在变化，而事件往往包含着道德意蕴[①]。

都市传说与谣言、流言的区别在于动机不同。都市传说的盛行主要是为事件赋予一种意义，比如促进某种道德规范和文化价值观。典型的例子如美国首任总统华盛顿砍伐樱桃树的故事，是为了说明诚实的重要性[②]。迪方佐与博蒂亚两位研究者认为，都市传说包含了如下几种特质：一是情节完整，有背景、高潮、结局等，构成一个完整的故事；二是故事内容是非同寻常的，或有趣，或可怕；三是构成故事的元素包含现代特质，所谓现代是为了与骑士、女巫、食人魔等传统的故事相区别，比如私人约会、搭顺风车而遇害等；四是故事的时间、地点可变化，可任意安排在任何时间和地区[③]。

在国内，都市传说常常被笼统地当作谣言来看待。在《新闻记者》每年总结的年度假新闻中，有一些所谓的假新闻实际上是都市传说的翻版。比如2004年，国内部分媒体报道了"180万买辆宝马砸着玩"这则消息[④]，大致内容是一位小孩在成都一家肯德基就餐后因为划伤了一辆宝马车而被车主打了一耳光，小孩父亲闻讯后带了六辆奔驰车赶来，在赔了宝马车车主180万后，率人将宝马车砸得稀烂。宝马车车主在路旁吓得目瞪口呆。

《新闻记者》编辑在点评该假新闻时指出，这是一条由各大网站的BBS里一度很火的帖子改编的，报纸在报道中把"where"（地点）直接具名化为成都的某条街道，把"when"具体到某一天，其他的"what"和"why"的要素并未改变。

其实这个故事是一则典型的都市传说，首先该信息情节十分完整，构成了一个完整的故事；其次故事的时间、地点等要素可以任意替换；第三该故事还传递了一个道德寓意：有钱不要飞扬跋扈。

又如早在2001年，《南方都市报》刊登了一篇题为《男子一时好色两肾被偷，悉尼频发器官盗窃案》的文章。大意是说一名男子来到悉尼后偶遇一位美女，在酒醒后发现自己躺在充满冰块的浴缸里，拨打急救电话后发现自己的肾

[①] DiFonzo, N. and Bordia, P. *Rumor Psychology: Social and Organizational Approaches*. Washington, DC: American Psychological Association., 2007, p. 23.

[②] Difonzo, N. & Bordia, P. "Rumor, Gossip and Urban Legends", *Diogenes*, vol. 54, no. 1, 2007, pp. 19–35.

[③] Difonzo, N. & Bordia, P. "Rumor, Gossip and Urban Legends", *Diogenes*, vol. 54, no. 1, 2007, pp. 19–35.

[④] 陈斌、贾亦凡：《2004年十大假新闻》，《新闻记者》2005年第1期。

被割走了。

这也是一则典型的都市传说。而且这则传说"历史悠久",很多年前就在美国新奥尔良市流传,不过很快被媒体调查辟谣。现在分析来看,这则信息首先是情节十分完整,其次时间地点也在全球不断变化,第三该故事也传递了一个道德寓意:人要洁身自好。

三、谣言研究的多学科路径:中外对比的历时性爬梳

(一)心理学视域中的谣言研究:情绪的投射与态度的外显

谣言传播现象古已有之,但将其作为一个学术问题来探讨,则始于心理学领域。正如一位学者所言:"疾病症状显示一个人的身体条件,与之类似,流言表现一个人的心理状况。"[①] 在西方,从心理学视角研究谣言的学者经历了三代传承。

从目前公开的文献来看,学界普遍认为第一代研究者以奥尔波特和波斯特曼为代表,其主要成果集中于《谣言心理学》这本著作中。他们对谣言研究的理论贡献突出表现在两个方面:第一个贡献在于第一次提出了影响谣言传播的公式,即 R=I×A。其中 R 为谣言(rumor),I 为重要性(inportant),A 代表事件或情景的模糊性(ambiguity)。该公式用语言可表达为"谣言传播广度随着其对相关人员的重要性乘以该主题证据含糊性的变化而变化",作者进一步指出:"重要性与含糊性的关系不是加法而是乘法,两者有一个为 0,也就没有谣言了。"[②] 两人的第二个贡献在于通过实验法研究了谣言传播中的变异特征,指出了谣言传播中的"削平"(leveling)[③]、"磨尖"(sharpening)[④]和"同化"(assimilation)[⑤]效应。第二代谣言研究的代表人物是罗斯诺(Rosnow),其重要贡献包括两个方面:一是在前人思辨的基础上用实验法验

[①] 罗斯诺、费恩:《流言》,唐晖、李华、钱孟姗译,国际文化出版公司,1990 年,第 42 页。
[②] 奥尔波特等:《谣言心理学》刘水平、梁元元、黄鹂译,辽宁教育出版社,2003 年,第 17 页。
[③] Gordon, W. Allport & Postman, L. J. *The Psychology of Rumor*. New York: Henry Holt & Co., 1947, p. 75.
[④] Gordon, W. Allport & Postman, L. J. *The Psychology of Rumor*. New York: Henry Holt & Co., 1947, p. 86.
[⑤] Gordon, W. Allport and Postman, L. J. *The Psychology of Rumor*. New York: Henry Holt & Co., 1947, p. 100.

证了一些心理学变量在谣言传播中的作用[①]，二是在代表性文章"Inside Rumordash—A Personal Journey"中采用"元分析"的方法系统总结了前人的研究成果。迪方佐和博迪亚则成了谣言研究心理学派的第三代佼佼者。这两位学者除了进一步系统梳理谣言的定义、特征、成因，还就互联网时代谣言的传播机制和防控措施开展了大量实证研究[②]。

中国最早关于谣言的学术研究同样采取了心理学进路。国内第一部关于谣言研究的学术专著是1939年陈雪屏出版的《谣言的心理》，该书从心理学视角探讨了谣言的演变原因、失真过程等问题。而这项开创性研究之所以采用心理学视角，离不开作者早年在哥伦比亚大学留学时所接受的规范训练。

2011年，石慧敏所著的《谣言传播的心理学研究》对谣言传播中的公众认知、情绪情感、行为意识和行动进行了探究，并分析了影响公共态度和行为的个人心理因素和文化心理因素[③]。2015年，郭小安所著的《当代中国网络谣言的社会心理研究》[④]从理论思辨、实证研究和对策总结三方面对谣言的类型、传播模式、传播载体、传谣的心理特征进行了总结，并结合相关案例，围绕网络谣言自我净化的影响要素、恐慌型谣言与集体行动、泄愤型谣言与情感动员进行了实证研究。

虽然中西方最早关于谣言的研究都采取了心理学进路，但后续的发展走向却各不相同。西方谣言研究的心理学路径延续至今、从未中断，并且形成了明显的代际承接，每个时代都有标志性学者涌现。在中国，自陈雪屏的专著以后，心理学视角的研究出现了长达几十年的中辍，并未形成一个稳定的学科研究路径。而且在后续的研究中，心理学领域的研究者很少介入这个领域，而是其他学科研究者运用心理学理论探讨谣言问题的文章居多。

总体而言，心理学视角的研究在探索谣言传播的动机和谣言接受心态方面做出了巨大贡献，有助于学者准确把握影响谣言传播的心理动因。但不足之处在于心理学的研究主要聚焦于谣言形成的个体特质上，尤其是西方的一些实验

---

① Rosnow, R. L., Esposito, J. L., Gibney, L. "Factors influencing rumor spreading: Replication and extension" *Language & Communication*, vol. 8, no. 1, 1988, pp. 29-42.

② 典型的成果如 Bordia, P., Difonzo, N., Schulz, C. A. "Source Characteristics in Denying Rumors of Organizational Closure: Honesty Is the Best Policy", *Journal of Applied Social Psychology*, vol. 30, no. 11, 2000, pp. 2309-2321; Bordia, P., Difonzo, N., Haines, R., et al. "Rumors Denials as Persuasive Messages: Effects of Personal Relevance, Source, and Message Characteristics", *Journal of Applied Social Psychology*, vol. 36, no. 5, 2005, pp. 1301-1331.

③ 石慧敏：《谣言传播的心理学研究》，中国广播电视出版社，2011年。

④ 郭小安：《当代中国网络谣言的社会心理研究》，中国社会科学出版社，2015年。

建立在"感知−记忆−描述"的简化机制上,忽略了群体和社会文化等复杂的外部因素对谣言传播的影响。

(二)社会学视域中的谣言研究:群体互动与社会抗议

在西方,从社会学视角研究谣言的先驱者是希布塔尼(Shibutani),他通过四年的田野观察,分析了60个模糊情形下的471个谣言,最终于1966年出版了 *Improvised News: A Sociological Study of Rumor* 一书。该书从社会学的视角将谣言的传播视为一种人们在不确定环境下集体寻求问题解决的方式,即人们通过集思广益来探寻无法解释的事件的意义。在他看来,谣言既是一种信息扩散的过程,也是一种解释和议论的过程[①]。希布塔尼对谣言研究的贡献在于看到了谣言传播中的群体互动关系,他认为谣言是一群人集体思考的结果,人们通过对事件的议论以求得出一个令人满意的答案。此后,莫兰(Morin)的《奥尔良的谣言》[②](1971)和克诺夫(Knopf)的《谣言、种族和骚乱》[③](1975)也名噪一时。总体而言,西方社会学者对谣言的研究主要集中在谣言与集群行为[④]、谣言与政治冲突[⑤]、谣言与种族骚乱[⑥]、灾害之后的谣言传播[⑦]、战争中的谣言[⑧]等领域。这些研究基本是围绕"越轨与社会控制""社会冲突与社会变迁"这两个框架来进行。

在国内,社会学界对谣言的研究起步很早,却一度出现了中辍现象。1946年,我国社会学的泰斗孙本文先生在《社会心理学》一书中就曾专门辟出一章来讲谣言。在这一章中,孙先生详细介绍了谣言的性质、谣言的类型、谣言产

[①] Shibutani, T. *Improvised news: A sociological study of rumor*. Indianapolis, IN: Bobbs-Merrill. 1966, pp. 56−62.

[②] Morin, E. *Rumour in Orleans*. New York: Pantheon, 1971.

[③] Knopf, T. A. *Rumors, Race, and Riots*. New Brunswick, New Jersey: Transaction Books, 1975.

[④] Edy, J. A., Risley-Baird, E. E., "Rumor Communities: The Social Dimensions of Internet Political Misperceptions", *Social Science Quarterly*, vol. 97, no. 3, 2016, pp. 588−602.

[⑤] Bolten, C. E. Sobel "Rumors and Tribal Truths: Narrative and Politics in Sierra Leone, 1994", *Comparative Studies in Society & History*, vol. 56, no. 1, 2014, pp. 187−214.

[⑥] Solomos, J. "Race, Rumours and Riots: Past, Present and Future", *Sociological Research Online*, 2011, vol. 16, no. 4, 2011, p. 20.

[⑦] Brezina T., Herbert, E. Phipps, Jr. "False News Reports, Folk Devils, and the Role of Public Officials: Notes on the Social Construction of Law and Order in the Aftermath of Hurricane Katrina", *Deviant Behavior*, vol. 31, no. 1, 2009, pp. 97−134.

[⑧] Kahler, M. "Rumors of War: The 1914 Analogy", *Foreign Affairs*, vol. 58, no. 2, 1979, pp. 374−396.

生的原因、谣言传播的过程、谣言扩散的影响和应对谣言的态度[1]。自 20 世纪 50 年代初，社会学取向的谣言研究一度停滞。

20 世纪 80 年代起，随着社会学的恢复重建，这一领域的谣言研究也开始涌现。但大多数学者将谣言视为社会心理学分支的研究对象，通常将"谣言"与"舆论"合为一节收入各类教科书中[2]。少数有代表性的文章重点探讨谣言的传播和信任问题。如周晓虹结合"非典"期间的一系列谣言，从个体的认知扭曲、传播过程再造和民间传统的借用三个方面分析了谣言传播畸变的现象[3]。李国武将博弈论作为分析工具探讨了谣言接受的实现机制，他认为，在静态模型中，个人预期和他人影响是影响人们相信谣言的重要因素。在动态模型中，群体压力和正反馈使公众趋向相信谣言[4]。虽然博弈论的运用简化了现实社会中复杂的信谣因素，但这种科学规范的研究方法打破了传统的思辨方式，使研究的学理性大大提高。值得注意的是，一些新闻传播学的研究者也曾从社会学的视角来探讨谣言现象。比如胡泳提出了"谣言作为一种社会抗议"的著名命题。在他看来，集体行动中处于弱势地位的民众往往借助谣言来营造有利于自己的舆论环境，进而强化抗争诉求。因此，谣言作为一种非官方的表达，既是对社会稳定的潜在威胁，又是观察民众态度的重要窗口[5]。

（三）历史学视域中的谣言研究：集体记忆与社会变革手段

西方史学界对谣言的研究大致分为两类：第一类是学者对特定国家、特定时期谣言的个案的考察，探究谣言在政治改革和社会变迁中扮演的角色。典型的如西切克（Cicek）对 1909 年发生在奥斯曼帝国"阿达纳"谣言的研究[6]、福克斯（Fox）对 16 世纪末到 17 世纪初期英格兰王室谣言的研究[7]、康沃尔

---

[1] 孙本文：《社会心理学》，商务印书馆，1946 年，第 246—284 页。

[2] 典型的如时蓉华：《社会心理学学》（第 2 版），上海人民出版社，2002 年；沙莲香：《社会心理学》（第四版），中国人民大学出版社，2015 年。

[3] 周晓虹：《传播的畸变——对"SARS"传言的一种社会心理学分析》，《社会学研究》，2003 年第 6 期。

[4] 李国武：《谣言实现的社会机制及对信息的治理》，《社会》，2005 年第 4 期。

[5] 胡泳：《谣言作为一种社会抗议》，《传播与社会学刊》，2009 年第 9 期。

[6] Çiçek, K. "The power of rumours in the making of history: The case of the Adana Incident of 1909 in the Ottoman Empire", *Belleten*, vol. 76, no. 277, 2012, pp. 951－972.

[7] Fox, A. "Rumour, News and Popular Political Opinion in Elizabethan and Early Stuart England", *Historical Journal*, vol. 40, no. 3, 1997, pp. 597－620.

（Cornwall）对第一次世界大战期间哈布斯堡帝国谣言与舆论钳制的研究[①]和多德（Dowd）对庞蒂亚克战争中谣言的研究[②]，当然国人最熟悉的还是汉学家孔飞力的《叫魂》。孔飞力通过对"叫魂"事件中相关谣言的分析，以切片式的手法呈现社会整体的矛盾与冲突，以小见大反映出清朝社会变迁、官僚制度和社会心态变化等问题，成为新社会史流派中的代表作。第二类是对古代西方社会神话传说、民间故事的整理。典型的如德国学者诺伊鲍尔（Neubauer）所著的《谣言女神》。在该著作中，作者通过对有代表性的历史事件、神话传说等文化现象进行系统梳理，揭示了谣言产生和发展的机理以及对整个社会和人类文明的进程带来的深远影响[③]。

在法国学者勒莫看来，谣言其实是一种社会的"集体历史记忆"[④]。同样，法恩也将谣言分为过去式谣言（past rumors）、进行时谣言（present rumors）和未来式谣言（future rumors），并且认为谣言建构了集体记忆并依赖集体记忆[⑤]。集体记忆理论的确是一种解释谣言成因的重要路径，因为集体记忆为谣言传播提供了历史背景，谣言接受者往往会参考过去的经验来理解当下的谣言，从而为谣言指涉的事件提供佐证。现实中有关地震的谣言就是典型例子，先前地震的破坏性给民众留下了深刻的印象，因此后来民众一旦听到关于地震的消息，那种对灾难的惊恐张皇情绪便迅速蔓延，社会恐慌情绪使人们很容易倾向相信有关地震的谣言。这一发现进一步补充解释了心理学路径中关于"焦虑""不确定性"引发谣言的认识。

在中国，"谣言"一词最早见于《后汉书》。但古代文献里的"谣言"却与今天讨论的谣言意义不同。古代的谣言是指一种民间流传的歌谣，既是反映民情的生动写照，又是考察吏制的重要参考[⑥]。因此这类民谣并非本文探讨的研究对象。但古代社会也有不少真正意义上的谣言引发了学者们的关注。

一些学者将"谣言"看作一种社会文化现象，认为谣言存在于许多历史时

[①] Cornwall, M. "News, Rumour and the Control of Information in Austria-Hungary, 1914—1918", *History*, 1992, vol.77, no.249, 1992, pp.50-64.

[②] Dowd G E. "The French King Wakes up in Detroit: 'Pontiac's War' in Rumor and History", *Ethnohistory*, vol.37, no.3, 1990, pp.254-278.

[③] 参见诺伊鲍尔：《谣言女神》，顾牧译，中信出版社，2004年。

[④] 勒莫：《黑寡妇——谣言的示意及传播》，唐家龙译，商务印书馆，1999年，第10页。

[⑤] Fine, G. A. "Rumor, Trust and Civil Society: Collective Memory and Cultures of Judgment", *Diogenes*, vol.54, no.1, 2007, pp.5-18.

[⑥] 黄宛峰：《汉代考核地方官吏的重要环节——"举谣言"与"行风俗"》，《南都学坛》，1988年第3期。

期和文化形态当中。如一些神话传说和寓言故事，其原型就发轫于谣言。而在古代王朝争权夺利的过程中，谣言也是一种蛊惑人心的手段。因此国内许多历史学者主要致力于分析谣言对古代政权统治的影响。栾保群所著的《中国古代谣言与谶语小史》① 一书将中国古代社会的谣言与谶语按时间事件编写，阐述了谣言与谶语本质上都是为了统治者的需要而编造的。吕宗力对汉代史籍中记载的流言、讹言、妖言、谣言、谶言及其相关历史语境进行了详细考察和辨析，分析了谣言的来源、载体、地位、作用和形成缘由②，作者用现代社会学的理论去分析相关史实，揭示了汉代的社会政治生态。苏萍的《谣言与近代教案》一书，从社会心理学角度对我国晚清时期的教案进行了研究，剖析了晚清士大夫利用谣言动员民众反教的问题，反映了谣言独特的社会功能③。李若建从集体记忆的角度系统分析了20世纪50年代在国内暴发的"毛人水怪""割蛋""投毒""放蛊"等谣言，作者认为潜在的集体记忆与民间话语构成了一种不安的气氛，在一些突发事件的诱发下，多因素结合起来形成了这些谣言④。

总体而言，历史学界对谣言与集体记忆关系的研究还远远不够。在不同历史时期、不同社会制度和政治经济背景下，集体记忆对传谣信谣的作用有何不同，这些都有待进一步考证。正如杨慧琼指出的那样，谣言可见的一面是在物理空间中的扩散，不可见的一面是谣言也在时间上起落承继⑤。为什么某些谣言会在改头换面后反复出现？这提示我们需要进一步关注集体记忆、认知基模在谣言扩散过程中扮演的重要角色。

（四）经济学视域中的谣言研究：企业与市场的双重负面影响

鉴于谣言对经济社会发展带来的影响和冲击，经济学者自然不会缺席于谣言研究领域。严格来讲，这类研究者分布在商学界微观的企业/组织层面和经济学界的中观市场层面。商学界研究者主要关注与企业/组织有关的谣言，往往将目光投向谣言对公司形象的影响和危机公关上，以应用性的对策研究为主。如一些研究者指出，在辟谣过程中，实事求是、保持真诚态度是回应谣言

---

① 参见栾保群：《中国古代谣言与谶语小史》，中国长安出版社，2015年。
② 参见吕宗力：《汉代的谣言》，浙江大学出版社，2011年。
③ 参见苏萍：《谣言与近代教案》，上海远东出版社，2001年。
④ 参见李若建：《虚实之间：20世纪50年代中国大陆谣言研究》，社会科学文献出版社，2011年。
⑤ 杨慧琼：《从个体记忆到集体记忆：论谣言研究之路径发展》，《国际新闻界》，2014年第11期。

的重要立场①。而经济学研究者主要关注证券市场上的谣言，致力于研究谣言或澄清公告对股市走向的影响②，这类研究主要通过实验法和面板数据模型来探索规律。例如一些研究发现，股民们在听到正面谣言后倾向购买股票，随之导致股价上涨；而负面谣言对股市的影响和冲击却远远大于正面谣言③。另一些学者研究了不同股市行情中官方澄清公告的发布对股票收益的影响。经研究发现，在牛市行情中，平均累积异常收益率（average cumulative abnormal return）与澄清公告的发布呈正相关关系；在熊市中平均累积异常收益率与澄清公告的发布呈负相关关系④。

国内的研究偏向中观市场层面的后一种路径。主要集中在谣言对股价的影响上。相关文献数量较少，典型的如赵静梅等实证研究发现，无论是利好型谣言还是利空型谣言，投资者都采取了"宁可信其有"的态度。而正是投资者的这种心态，导致了利好型谣言被辟谣后股价并未显著下降，而利空型谣言在辟谣后股价却继续下跌⑤。

（五）传播学视域中的谣言研究：政治传播取向与舆情管理偏好的中西区隔

在西方，谣言最早被纳入舆论学的研究范畴。从20世纪40年代开始，关于谣言的研究多数发表在《舆论季刊》（*Public Opinion Quarterly*）上。无论是纳普对战时谣言的研究⑥还是奥尔波特等人关于谣言传播过程的探讨⑦，最初都是用心理学理论来解释谣言的传播过程。但随后的研究很快就走上了传播

---

① Bordia, P., Difonzo, N., Schulz, C, A. "Source Characteristics in Denying Rumors of Organizational Closure: Honesty Is the Best Policy", *Journal of Applied Social Psychology*, vol. 31, no. 11, 2000, pp. 2309-2321.

② Pound J, Zeckhauser, R. "Clearly Heard on the Street: The Effect of Takeover Rumors on Stock Prices", *Journal of Business*, vol. 63, no. 3, 1990, pp. 291-308.

③ Chen, C.D., Kutan A M. "Information Transmission Through Rumors in Stock Markets: A New Evidence", *Journal of Behavioral Finance*, vol. 17, no. 4, 2016, pp. 365-381.

④ Yang, X. L., Luo Y. L. "Rumor Clarification and Stock Returns: Do Bull Markets Behave Differently from Bear Markets?", *Emerging Markets Finance & Trade*, vol. 50, no. 1, 2014, pp. 197-209.

⑤ 赵静梅、何欣、吴风云：《中国股市谣言研究：传谣、辟谣及其对股价的冲击》，《管理世界》，2010年第11期。

⑥ Knapp, R. H. "A Psychology of Rumor", *Public Opinion Quarterly*, vol. 8, no. 1, 1944, pp. 22-37.

⑦ Allport, G. W., Postman L. "An Analysis of Rumor", *Public Opinion Quarterly*, vol. 10, no. 4, 1946, pp. 501-517.

学轨道。巴克（Bucker）提出谣言在人际的链式传播过程和在群体中的网状传播过程，并指出个人的卷入度和社群结构是影响谣言扩散的重要因素[1]。罗斯诺在《作为传播的谣言》一文中，将谣言视为一种"寻求解释的过程"，指出相关信息匮乏和谣言主题重大是影响谣言传播的重要因素[2]。还有一些研究发现，媒体在地震、艾滋病等重要问题上的失实报道其实也是一种谣言，因为这会引发公众不必要的恐慌[3]。

20世纪90年代末，西方学者将目光投向互联网上流行的谣言。博蒂亚和罗斯诺通过对网络论坛上的谣言进行内容分析后发现，网络谣言的讨论过程实际上是网友们一种寻求问题解决（problem solving）的过程。网友们在讨论中的话语呈现出焦虑（apprehensive）、质疑（interrogatory）、审慎（prudent）、信任（belief）等不同心态[4]。2010年以后，西方学者的研究开始逐渐聚焦于政治传播中的谣言现象[5]。比如威克斯（Weeks）和索斯韦尔（Southwell）以议程设置理论为分析框架，检验了大众媒体对奥巴马的谣言报道如何显著影响了公众的相关搜索行为[6]。一项在2008年美国总统大选之后进行的全国调查显示，对互联网的使用既可以增加公众接收谣言的机会，同时也增加了接触辟谣信息的频率，但总体而言会降低谣言的可信度[7]。信（Shin）等经对2012年美国总统大选中推特上的谣言分析后发现，社会化媒体的确有助于造谣者在同质化社会网络中扩散谣言，造谣者形成了稳定的社群结构，少数核心成员选择性发布对竞选对手不利的负面谣言。然而，辟谣者没有形成大规模的社群，

---

[1] Buckner, H. T. A. "Theory of Rumor Transmission", *Public Opinion Quarterly*, vol. 29, no. 1, 1965, pp. 54-70.

[2] Rosnow, R. L. "Rumor as Communication: A Contextualist Approach", *Journal of Communication*, vol. 38, no. 1, 1988, pp. 12-28.

[3] Krug G. J. "The Day the Earth Stood Still: Media Messages and Local Life in a Predicted Arkansas Earthquake", *Critical Studies in Media Communication*, vol. 10, no. 3, 1993, pp. 273-285; S. Elizabeth Bird. "CJ's revenge: Media, Folklore, and the Cultural Construction of AIDS", *Critical Studies in Media Communication*, vol. 13, no. 1, 1996, pp. 44-58.

[4] Bordia, P, Rosnow, R. L. "Rumor Rest Stops on the Information Highway Transmission Patterns in a Computer-Mediated Rumor Chain", *Human Communication Research*, vol. 25, no. 2, 2010, pp. 163-179.

[5] Rojecki, A., Meraz, S. "Rumors and Factitious Informational Blends: The Role of the Web in Speculative Politics", *New Media & Society*, vol. 18, no. 1, 2016, pp. 25-43.

[6] Weeks, B., Southwell, B. "The Symbiosis of News Coverage and Aggregate Online Search Behavior: Obama, Rumors, and Presidential Politics", *Mass Communication & Society*, vol. 13, no. 4, 2010, pp. 341-360.

[7] Garrett, R. K. "Troubling Consequences of Online Political Rumoring", *Human Communication Research*, vol. 37, no. 2, 2011, pp. 255-274.

三、传播社会学研究

社会化媒体平台也没有发挥"意见自由市场"的自我净化作用[1]。

在传播学被正式引入中国的初期,学界对传播学的认识和了解还基本停留在媒介功能理论和传播过程理论上[2],尚未有精力对细分领域进行探索。直到20世纪90年代初期,王国宁在《新闻研究资料》上发表了《从传播学角度看谣言及其控制》一文[3],才第一次在公开文献上用传播学理论对谣言进行了分析。他指出,正式传播渠道不畅是谣言传播的一个重要条件。而这种正式传播渠道不畅的表现,既包括官方的信息封锁,也包括灾害中传播设备的破坏,还包括正式渠道传播的信息被扭曲三种情况。作者在分析谣言人际传播和大众传播两种模式的基础上,还探讨了传播学中"选择性接触"假说对谣言接收的影响。

国内一些学者同样认为谣言是一种负向舆论。陈力丹将谣言视作一种畸变形态的舆论[4],刘建明[5]和沙莲香[6]也将谣言划作舆论的一种形式。这些学者本来是从学理上对谣言这种现象进行分析,却未曾料到当谣言的舆论属性被界定以后,相关研究就逐渐被置入舆论引导和舆情管理的范畴中去了。此后很长一段时间内,关于谣言防控措施之类的对策性研究逐渐成为了国内研究的主流。2005年以后,一批谣言研究的学理性专著陆续出版。蔡静在《流言:阴影中的社会传播》一书中系统分析了流言(rumor)的产生、传播和消失过程,对流言与大众媒介信息间的竞争与渗透进行了深入阐述,并提出了流言具有"分享信息"和"交流意见"的双重属性[7]。周裕琼在对国内外文献梳理的基础上,采用内容分析、问卷调查和控制实验等方法,对针对事件、个人、群体、企业、商品、地方、国家的七大类谣言进行了实证研究,探讨了不同类型谣言的产生原因、传播规律和影响机制[8]。

除了方法日趋规范,国内传播学者还在理论层面提出了一些具有启发意义的概念。典型的如喻国明提出的"无影灯效应"和雷霞提出的"信息拼图"与

---

[1] Shin, J., Jian, L., Driscoll, K, et al. "Political Rumoring on Twitter during the 2012 US Presidential Election: Rumor Diffusion and Correction", *New Media & Society*, vol. 19, no. 8, 2016, pp. 1214-1235.
[2] 王怡红:《传播学发展30年历史阶段考察》,《新闻与传播研究》,2009年第5期。
[3] 王国宁:《从传播学角度看谣言及其控制》,《新闻研究资料》,1991年第1期。
[4] 陈力丹:《舆论学:舆论导向研究》,上海交通大学出版社,2012年,第94—95页。
[5] 刘建明:《社会舆论原理》,华夏出版社,2002年,第211页。
[6] 沙莲香:《社会心理学》(第三版),中国人民大学出版社,2011年,第241页。
[7] 参见蔡静:《流言:阴影中的社会传播》,中国广播电视出版社,2008年。
[8] 参见周裕琼:《当代中国社会网络谣言研究》,商务印书馆,2012年。

"信息稀释"效应。喻国明在探讨微博的自净功能时指出,正如每一盏灯都有"灯下黑"现象,也许每个微博用户的单独认识是不全面的,但当所有知情人的观点汇聚到一起的时候,就会形成一种相互补充、相互纠错的关系,真相也会在信息的相互印证中凸显[1]。"信息拼图"的原理与"无影灯效应"基本相同,都是强调来自不同信源的信息互充过程,但"信息拼图"区分了正面的事实核验和负面的谣言填补两类不同性质的信息汇集过程。而"信息稀释"是指通过补充更多的真实信息或传播与谣言无关的其他热点话题来"对冲"谣言的影响力[2]。

(六) 自然科学视域中的谣言研究:传播过程的仿真建模

通过梳理西方谣言研究的历史,我们可以发现,自然科学领域的谣言研究经历了数学—物理学—计算机科学三种学科的范式更替,每一种学科提供的基础知识都为后一门学科在研究中的深化和推广奠定了坚实基础。

20世纪80年代,西方学者开始用数理模型对谣言的传播概率进行推算。典型的如俄亥俄州立大学的皮特尔(Pittel)教授对谣言传播的范围和概率问题进行了公式推导[3],澳大利亚莫纳什大学的萨德伯里(Sudbury)同样用数学模型估算出始终听不到谣言的人群比例[4]。澳大利亚国立大学的邓斯坦(Dunstan)通过建模估计了谣言最终的扩散规模[5]。此外还有墨尔本大学两位研究者通过建立数学模型分析了谣言传播中的散布规律[6]。实际上,这些数学领域研究者的建模推导是后来计算机仿真技术的雏形。2000年以后,物理学研究者开始陆续介入谣言传播的研究[7]。比如一些研究者以平均场理论为指导,通过建立随机模型研究复杂网络中谣言传播的动态过程[8]。另一些研究者

---

[1] 喻国明:《微博是个好东西》,《中国党政干部论坛》,2011年第12期。
[2] 雷霞:《"信息拼图"在谣言传播中的作用研究》,《新闻与传播研究》,2014年第7期。
[3] Pittel, B. "On Spreading a Rumor", *Siam Journal on Applied Mathematics*, vol. 47, no. 1, 1987, pp. 213–223.
[4] Sudbury, A. "The Proportion of the Population Never Hearing a Rumour", *Journal of Applied Probability*, vol. 22, no. 2, 1985, pp. 443–446.
[5] Dunstan, R. "The Rumour Process", *Journal of Applied Probability*. no. 19, 1982, pp. 759–766.
[6] Watson R. "On the size of a rumour", *Stochastic Processes & Their Applications*, vol. 27, no. 27, 1987, pp. 141–149.
[7] Borge-Holthoefer, J., Moreno, Y. "Absence of influential spreaders in rumor dynamics", *Physical Review E Statistical Nonlinear & Soft Matter Physics*, vol. 85, no. 2, 2012, p. 026116.
[8] Moreno, Y., Nekovee, M., Pacheco, A. F. "Dynamics of Rumor Spreading in Complex Networks", *Physical Review E Statistical Nonlinear & Soft Matter Physics*, vol. 69, no. 2, 2004, p. 066130.

发现，谣言在无标网络中传播的初始速率远远高于随机图中的扩散速率，由于无标网络中接受者的易感性，仿真发现谣言更容易在无标网络中传播①。21世纪第一个十年以来，随着网络新媒体技术的普及和各种社会化媒体的盛行，许多计算机科学的学者纷纷加入谣言研究的行列②。还有的学者运用SI传染病模型探讨了谣言的起源③。一些学者提出了小世界网络中的免疫策略来应对谣言④，还有一些学者对传统的传染病模型提出质疑和进行修正⑤。正如一些研究者指出，社交媒体上的信息铺天盖地，而用户的时间精力有限，因此一些转瞬即逝的信息很容易被遗忘。正是考虑到这种遗忘机制，他们在传统的SIR传染病模型中增加了"休眠者"（hibernator），形成了新的"SIHR"（Susceptible-Infected-Hibernator-Removed）模型⑥。另一些研究者提出了"SIRaRu"模型，其中"Ra"代表那些相信谣言但没有兴趣传播的人，"Ru"代表那些压根不相信谣言的人。同时作者指出，谣言扩散的规模很大程度上取决于接受者遗忘的速度⑦。还有一些研究者从反击谣言的角度提出了"SICR"（Susceptible-Infective-Counterattack-Refractory）模型，进一步深化了辟谣领域的研究⑧。

在国内，越来越多来自计算机科学和信息科学的研究者逐渐成为自然科学领域谣言研究的主力。在早期的谣言研究中，计算机科学的学者们喜欢采用传染病模型中的 SIR 模型来仿真谣言的传播动力。其中"S"（Susceptible）指"易感者"，指不知道谣言的人；"I"（Infective）指感染者，即听说了谣言并

---

① Nekovee, M., Moreno, Y., Bianconi, G., et al. "Theory of Rumour Spreading in Complex Social Networks", *Physica A Statistical Mechanics & Its Applications*, vol. 374, no. 1, 2008, pp. 457−470.

② Doer, B., Fouz, M., & Friedrich, T. "Why rumors spread so quickly in social networks", *Communications of the Acm*, vol. 55, no. 6, 2012, p. 70.

③ Shah, D., Zaman, T. "Rumors in a Network: Who's the Culprit?", *IEEE Transactions on Information Theory*, vol. 57, no. 8, 2011, pp. 5163−5181.

④ Huang J, Jin X. "Preventing Rumor Spreading on samll-world networks", *Journal of Systems Science & Complexity*, vol. 24, no. 3, 2011, pp. 449−456.

⑤ Zhao L, Cui, et al. "SIR Rumor Spreading Model in the New Media Age" *Physica A Statistical Mechanics & Its Applications*, vol. 392, no. 4, 2013, pp. 995−1003.

⑥ Zhao L, Wang J, Chen Y, et al. "SIHR rumor spreading model in social networks", *Physica A Statistical Mechanics & Its Applications*, vol. 391, no. 7, 2012, pp. 2444−2453.

⑦ Wang J, Zhao L, Huang R. "SIRaRu rumor spreading model in complex networks", *Physica A Statistical Mechanics & Its Applications*, vol. 398, no. 15, 2014, pp. 43−55.

⑧ Zan Y, Wu J, Li P, et al. "SICR rumor spreading model in complex networks: Counterattack and self-resistance", *Physica A Statistical Mechanics & Its Applications*, no. 405, 2014, pp. 159−170.

有传播能力的人;"R"(Removal)指"移出者",即知道谣言但已经失去传播能力的人。一般而言,SIR 模型适合描述一些治愈后可以终身免疫的疾病。然而现实是,受众在接受一次谣言后并不会终身免疫,即不再相信谣言,受社会环境的刺激和个人心理状态的影响,一些受众会多次相信类似的谣言。因此,这种模型的前提假设与千变万化的现实存在一定差异。

此后有的学者逐渐发现了这一问题,并对模型进行了调整。王辉等人提出了基于移动社交网络的 CSR(Credulous-Spreader-Rational)传播模型。模型考虑了个人接受阈值对接受概率的影响。随后的仿真实验结果显示,他们建议改进的 CSR 模型在匀质网络中传播范围更广,传播速度更快[1]。

近年来,以小世界与无标度模型为代表的复杂网络模型在计算机工程领域风行一时。而从复杂网络的研究视角来看,利用 SIR 理论建立的传染病模型和利用 Agent 理论建立的舆论传播模型对谣言传播的研究也有重要的借鉴意义。

除了计算机学科,也有少数物理学、管理科学与系统工程专业的研究者介入谣言研究。物理学所用的理论主要是相变理论[2]。例如,华中科技大学的学者们建立了谣言传播的 Potts 模型,研究了谣言在传播过程中的语义变化[3]。管理科学与工程专业的研究者也是通过建立仿真模型,探讨各个影响因子对谣言扩散的影响。

总体而言,自然科学领域对谣言的研究可以分析谣言影响的人数范围、谣言的演变结构和扩散特征等,却无法洞悉谣言产生的动机和原因。而谣言形成和传播中的动因问题,正是前述人文社科领域研究的专长。这也恰恰说明了不同学科之间互补互鉴的重要性。

---

[1] 王辉等:《基于移动社交网络的谣言传播动力学研究》,《物理学报》,2013 年第 11 期。

[2] 王俊峰、谈效俊:《谣言传播的 Potts 模型中的正则和微正则相变》,《湖北大学学报》(自然科学版),2004 年第 4 期。

[3] 王俊峰:《谣言传播的 Potts 模型中相变特性的研究》,武汉:华中科技大学硕士论文,2004 年。

四、中外研究的对比总结与未来研究的展望

(一) 从目标指向到学术规范：中外研究的"同"与"不同"

1. 从成因到治理：中西方谣言研究的"公约数"

谣言作为一种社会毒瘤[①]，其危害是不言而喻的：小到给个人名誉蒙上阴影，中到对组织机构带来损失，大到影响社会的安定团结。鉴于谣言可能引发的负面影响，中外学界关于谣言研究的目标指向基本一致，即探讨谣言的扩散规律、传谣的影响因素和治理的防控对策。

首先，对传谣影响因素的研究，是西方一以贯之的传统。20 世纪 30 年代，巴萨德在对 1934 年印度大地震的谣言进行研究时，就指出特殊的社会情景和人们的心理状态是影响谣言传播的重要因素[②]。随后奥尔波特和波斯特曼于 1947 年出版的《谣言心理学》，提出了著名的谣言传播公式：谣言＝事件的重要性×情景的模糊性[③]。20 世纪 60 年代社会学家特纳（Turner）撰写的《集体行为》一文[④]也指出了谣言最易产生于四种情景：一是当常规生活中的稳定性适应被打破的时候，二是当社会正式结构中的信息流动不再畅通的时候，三是当某类事件的发生打破了人们对日常惯例理解的时候，四是当人们受到强烈的刺激需要为集体行为背书的时候。随后，罗斯诺等研究者通过实验法分析了信任、焦虑、不确定性等因素在谣言传播中的作用[⑤]。20 世纪 90 年代以后，西方学界对谣言影响因素的研究由个体心理层面和社会环境层面转变到

[①] Kapferer, J. N. "A Mass Poisoning Rumor in Europe", *Public Opinion Quarterly*, vol. 53, no. 4, 1989, pp. 467-481.

[②] 吴建、马超：《谣言研究中被遗忘的先驱——巴斯德及其经典文献的考察》，《新闻界》，2016 年第 3 期。

[③] 奥尔波特等：《谣言心理学》，刘水平、梁元元、黄鹂译，辽宁教育出版社，2003 年，第 17 页。

[④] Turner, R. H. "Collective behavior", In Faris, R. E. L. (ed.) *Handbook of Modern Sociology*. Chicago, IL: Rand McNally. 1964, pp. 36-82.

[⑤] Rosnow, R. L., Esposito, J. L., Gibney L. "Factors influencing rumor spreading: Replication and extension", *Language & Communication*, vol. 8, no. 1, 1988, pp. 29-42; Rosnow, R. L., Yost, J. H., Esposito, J. L. "Belief in rumor and likelihood of rumor transmission", *Language & Communication*, vol. 6, no. 3, 1986, pp. 189-194; Jaeger, M. E., Anthony, S., Rosnow, R. L. "Who Hears What from Whom and with What Effect: A Study of Rumor", *Personality & Social Psychology Bulletin*, vol. 6, no. 3, 1980, pp. 473-478.

传播网络层面上，比如一些物理学者开始讨论谣言在"小世界"网络中的动态传播规律[①]。相对钟形正态分布的小世界网络而言，也有研究者关注无标度网络（scale-free network）中谣言传播的阈值问题，而这种异质性网络结构也更加符合现实社会的传播网络特征[②]。

国内关于谣言影响因素的探讨聚焦于个体和社会两个层面：在个体层面，许多研究者承接奥尔波特等人提出的谣言传播公式，在此基础上不断修正和补充，先后提出了"信息的不对称性"[③]"参与者可信度""围观者态度"[④]"个体涉入感"[⑤]等影响因素。在社会层面，一些研究者将谣言的产生和传播嵌入特定时空中去考察，提出了"风险社会"和"转型社会"双重语境[⑥]的影响因素；另一些研究者认为媒介形态和舆论生态的变化导致了"信息证实危机"，新媒体环境下谣言传播速度加快、传播范围扩展、传播路径复杂，加之自媒体平台把关的弱化，都为谣言大行其道提供了温床[⑦]。总体而言，西方的研究多数采用实证路径得出结论，国内的研究者则主要将重点放在思辨和个案分析层面。

其次，谣言扩散规律的研究成了中西方自然科学界的使命担当。在这方面，西方从20世纪80年代起有数学家对谣言的扩散范围进行概率推算。此后物理学和计算机科学领域研究者陆续介入，他们利用数理模型和仿真实验对谣言的扩散规律和范围进行推算。中国自然科学界的介入时间稍晚，2000年以后，计算机科学和物理学领域的研究者陆续聚集到这一领域。2010年以后，随着各类社会化媒体的普及，越来越多的计算机科学、管理科学与系统工程的研究者纷纷加入谣言研究的行列中，中国自然科学界的谣言研究正由"追赶者"逐渐变为"并跑者"，中西方呈现出并驾齐驱的研究态势。

---

① Zanette, D, H. "Dynamics of rumor propagation on small-world networks", *Physical Review E Statistical Nonlinear & Soft Matter Physics*, vol. 65, no. 1, 2002, p. 041908.

② Nekovee, M., Moreno, Y., Bianconi, G., et al. "Critical threshold and dynamics of a general rumor model on complex networks" *Journal of Gastroenterology & Hepatology*, vol. 27, no. S3, 2005, pp. 29—33.

③ 匡文波、郭育丰：《微博时代下谣言的传播与消解——以"7·23"甬温线高铁事故为例》，《国际新闻界》，2012年第2期。

④ 尹良润、徐速：《微博科技谣言传播影响因素的实证分析——兼论微博谣言传播公式》，《当代传播》，2015年第3期。

⑤ 吴建、马超：《谣言传播公式：溯源、修正与发展》，《新闻界》，2015年第13期。

⑥ 张志安、束开荣：《微信谣言的传播机制及影响因素——基于网民、媒介与社会多重视角的考察》，《新闻与写作》，2016年第3期。

⑦ 陈虹、沈申奕：《新媒体环境下突发事件中谣言的传播规律和应对策略》，《华东师范大学学报》（哲学社会科学版），2011年第3期。

最后，在谣言的治理与防控方面，西方的学术研究始于第二次世界大战期间。战争中各种谣言的散布不仅容易降低士气、瓦解军心，而且也容易引发民众的恐慌。鉴于谣言可能引发的混乱，美国政府在第二次世界大战期间发起成立了"谣言诊所"（Rumor Clinic），由大学教授和学生专门负责搜集谣言案例并提供应对方法。于是关于谣言防控的对策研究也就此进入学界的视野。战争结束以后，西方对谣言防控的研究主要集中于商业领域。20世纪80年代以降，凯尼格（Koenig）《市场中的谣言：商业传闻的社会心理学》[1]、金梅尔（Kimmel）对商业谣言治理的专著[2]等都是这方面的典型代表。关于谣言的阻断策略，学者们给出了不同建议。罗斯诺认为企业/组织辟谣信息的发布形式包括三部分：首先是公司应聘请第三方科学家来澄清事实，其次是主动召开新闻发布会和在媒体上刊登公告以扩大辟谣信息覆盖面，最后是发布专家鉴定的意见报告以证实公司产品的质量[3]。西方曾有一项对74名公共关系专家的调查显示，公关专家给出的辟谣建议包括组成咨询委员会评估受谣言影响的群体、设法提升公司的外部公信力、通过各种渠道保证公司正常信息的畅通、设立辟谣热线接受各种询问、公司高层主动澄清事实、请第三方辟谣等[4]。

就本文掌握的资料来看，国内最早关于谣言防控的专著是1959年由中国青年出版社出版的《反对谣言》。这其实是一本只有8页的小册子，采用一问一答的形式介绍了谣言的危害和应对谣言的方法。该书有时代局限，学术性不强。此后，国内对于谣言研究的文章多数会拿出一定篇幅来探讨谣言的防控对策。然而这些对策多数都没有经过严格的论证，相当于根据个人经验感受来提出的建议，并且这些对策基本上是一些放之四海而皆准的大道理。

2. 规范与失范：中外研究从理论到方法的鸿沟

西方社会科学界对谣言的研究有着一套严格而规范的科学程序，并且随着知识的积累和经验的丰富，研究设计也在不断成熟和完善。早年间奥尔波特和

---

[1] Koenig, F. *Rumor in the marketplace: The social psychology of commercial hearsay*. Dover, MA: Auburn House, 1985.

[2] Kimmel, A. J. *Rumors and rumor control: A Manager's Guide to Understanding and Combatting Rumors*. Mahwah, NJ: Erlbaum, 2004.

[3] Esposito, J. L, Rosnow, R. L. "Corporate rumors: How They Start and How to Stop Them", *Management Review*, vol. 72, no. 4, 1983, pp. 44–49.

[4] Difonzo, N., Bordia, P. "How Top PR Professionals Handle Hearsay: Corporate Rumors, Their Effects, and Strategies to Manage Them", *Public Relations Review*, vol. 26, no. 2, 2000, pp. 173–190.

博斯特曼关于谣言成因的研究一开始就采用了控制实验的方法,虽然当时的实验在实验环境、变量设计、被试选择等方面还存在一些瑕疵,但毕竟引导谣言研究走上了科学规范的正轨。后续社会学者的研究基本上都沿着控制实验的路径去探讨影响谣言传播的其他变量。

在中国,个案分析和思辨研究的路径占据了谣言研究的主导地位。20 世纪 90 年代初,陈焕新编写了一本分为上下篇的小册子《地震谣言》。上篇搜集汇总了一些之前流传的地震谣言案例,下篇则对地震谣言的特点、产生的原因、识别谣言的常识和方法等进行了简单介绍。1997 年出版的《谣言与流言——错位的心态》一书同样采用案例＋个人点评的方式,列举了古今中外一些著名的谣言事例,并套用一些心理学的知识对这些谣言加以评析。后续出版的《网络谣言应对与舆情引导》《数字新媒体环境下突发性群体事件的谣言传播研究》等专著则延续了这种范式。甚至在很长一段时间,学界的论文都呈现出无理论(或简单套用理论)、无方法的状态,部分研究者在阐述问题时基本依靠主观判断,许多论文都停留在对谣言的起源、成因、特点、危害、传播渠道等进行思辨论述的层面[①],鲜有学者采用社会科学的规范方法对谣言进行探究。直到 2009 年以后,才陆续出现周裕琼、刘于思等一批研究者采用规范的社会科学方法对谣言传播问题进行实证检验[②]。总体而言,我国人文社科界关于谣言的研究还是以感悟式、总结式论文居多,呈现出"学"为末,"术"为主,"策"为上的局面[③]。这种现象既制约了学术理论的创新,又不利于与国际学界接轨,对指导现实作用不大。

(二)来者犹可追:谣言研究的新近展望

1. "质""量"并重:质性研究方法的"补位"

当前西方学界在谣言研究中存在量化研究包打天下的缺点,国内少数相对规范的研究也以量化分析为主。质性研究(不等于思辨研究)的路径尚未引起

[①] 张雷:《论网络政治谣言及其社会控制》,《政治学研究》,2007 年第 2 期;邓国峰、唐贵伍:《网络谣言传播及其社会影响研究》,《求索》,2005 年第 10 期;韩强:《科学应对公共事件中谣言传播问题研究》,《中国行政管理》,2008 年第 7 期。

[②] 周裕琼:《当代中国社会的网络谣言研究》,商务印书馆,2012 年;刘于思、徐煜:《在线社会网络中的谣言与辟谣信息传播效果:探讨网络结构因素与社会心理过程的影响》,《新闻与传播研究》,2016 年第 11 期。

[③] 李彪、郑满宁:《社交媒体时代的网络舆情——生态变化及舆情研究现状、趋势》,《新闻记者》,2014 年第 1 期。

学者的足够重视。虽然量化研究在探索变量间的因果关系方面具有得天独厚的优势，但谣言的传播与扩散并不是一个孤立静止的过程，除了个体层面的社会心理因素，社会环境和文化风俗等因素也会影响谣言的传播。因此除了问卷调查和控制实验，一些质性方法同样可以被借鉴采纳。在质性研究中，知识是访谈员与受访者通过人际互动形成的，质性立场将焦点集中于人们在不同文化、日常和情境性背景下的思维、认识和人类理解自身的方式上，有助于对某种现象的原因给出明确解释。具体到谣言研究中，无论是线上还是线下，对谣言起源的追溯始终是一个困扰学界的难题。尤其是在"人人都有麦克风"的自媒体时代，网络谣言的源头其实是很难定位的。质性研究虽然对互联网上的谣言追踪无能为力，但是对线下特定区域谣言起源和扩散过程的追溯具有重要帮助作用。例如周裕琼以2009年在深圳发生的4起学童绑架案为例，追溯出谣言起源的不同版本和演化路径[1]。杨慧琼以2010年山西和福建两则地震谣言为研究对象，通过访谈法发现谣言的传播具有群体接收和群体扩散的特征，谣言引发的后续行动，还是以某类小群体为单位[2]。除了深度访谈，田野考察等人类学的研究方法也可以帮助学者了解谣言的起源和传播动力。尤其是源发于农村地区的一些谣言，往往和迷信、风俗等息息相关，因此也亟待学者们扎根其中去追寻谣言传播的脉络。

2. 微观渗透：组织传播领域的开掘

正如上文所述，探讨企业/组织相关的谣言是西方学界长期关注的领域。这既包括组织之间尤其是竞争对手散布的谣言，也包括组织内部盛传的谣言。1983年，罗斯诺等学者就针对宝洁公司相关的谣言现象进行过专门探讨[3]，并专门区分了组织内部和外部谣言各自的应对方法[4]。此后，博蒂亚和迪方佐多

---

[1] 周裕琼：《伤城记——深圳学童绑架案引发的流言、谣言和都市传说》，《开放时代》，2010年第12期。

[2] 杨慧琼、杜建华：《受众为何按照谣言而不是新闻行事？——对2010年两起地震谣言的比较分析》，转引自《中国传媒大学第五届全国新闻学与传播学博士生学术研讨会论文集》，中国传媒大学，2011年，第9页。

[3] 世界知名日用消费品牌宝洁公司早年间的商标是由13颗星星和1个半月型人脸组成的"星月商标"。20世纪80年代，有谣言称商标中的月亮脸胡须男的胡须中隐藏着象征魔鬼撒旦的数字"666"，上面的13颗星星也是在有意嘲弄《圣经》中描绘的神圣场景，为此宝洁公司的形象和业务遭受了巨大损失。

[4] Esposito, J. L, Rosnow, R. L. "Corporate Tumors: How They Start and How to Stop Them", *Management Review*, vol. 72, no. 4, 1983, pp. 44−49.

次采用实证研究的方式对企业谣言的后果影响、生成环境和辟谣策略进行了研究[①]。2008 年迪方佐出版了一本名为《茶水间效应：透视谣言背后的心理学》(*The Watercooler Effect: A Psychologist Explores the Extraordinary Power of Rumors*) 的专著，这里的"茶水间效应"，指的就是西方员工在茶水间休息的工作间隙，最容易谈论各种谣言和八卦。

当前，西方关于企业组织谣言的研究已经非常成熟，而国内的专门研究却付诸阙如，只有少数学者在研究企业公共关系或危机传播时顺带提到谣言的影响。这种现状也从侧面反映出国内学界对组织传播的重视不够。根据国家工商总局发布的数据显示，截至 2018 年年底，全国实有市场主体达 1.1 亿户，其中企业为 3474.2 万户[②]。国内数量庞大的各类企业在发展壮大的过程中，不可避免会受到组织内外谣言的侵扰。那么我国的商业谣言有什么特点？人们又该如何应对与防范？这些亟待解决的问题昭示了国内组织传播领域还有极大的学术潜力可以挖掘。

3. 治理拓展：从"管控"到"事实核验"的正本清源

从已有的研究来看，国内外关于谣言治理的研究已经蔚为大观。在我国，谣言治理的学术探讨往往从整体的宏观视角出发，或着眼于结构上的协同效应，重视多元主体的治理模式[③]；或聚焦制度层面的完善，倡导健全监管、评判、预警、处置等各个环节的机制[④]。在西方，关于谣言治理的研究往往遵循"先事实，后价值"的思路，即首先判断谣言的性质和真伪，再提出有效的解决方案。早年间，西方的研究多数站在企业组织的立场探寻应对谣言的方式和效果。近年来在政治传播领域又兴起了一股"事实核查"（fact-checking）的浪潮——西方一些传统媒体和非政府组织自发设立了事实核查网站，依托媒体机构专业的新闻工作者对总统大选中政客发布的言论进行核实，同时利用网上数据库对政客的公开演讲进行实时比对。

从 2010 年开始，我国部分新闻媒体先后开设了一批类似事实核查的栏目，主要围绕科学、社会、日常生活等领域的谣言进行核实与求证。典型的如《人

[①] Difonzo, N., Bordia, P. "Corporate Rumor Activity, Belief and Accuracy", *Public Relations Review*, vol. 28, no. 1, 2002, pp. 1—19.

[②] 胡永启：《市场监管总局：2018 年全国新增企业 670 万户》，2019 年 1 月，http://finance.sina.com.cn/china/gncj/2019-01-11/doc-ihqfskcn6108734.shtml. 访问时间：2020 年 2 月 27 日。

[③] 谭九生、杨建武：《网络谣言的协同治理机制构建：基础、过程及实现》，《吉首大学学报》（社会科学版），2015 年第 2 期。

[④] 段忠贤：《网络谣言的生成机制及治理对策》，《贵州社会科学》，2016 年第 4 期。

民日报》的"求证"、新华社的"中国网事"、央视网的"辟谣联播"等。本文认为,在大数据和人工智能时代,科学技术的发展为事实核查提供了更精准的甄别标准和更及时的判别方法,我们理应充分利用科学技术进步的成果:一方面在实践层面运用智能搜索、大数据比对、机器学习等手段识别谣言;另一方面在理论层面讨论事实核验中可能产生的"信息误解"(misperception)[1]、"逆火效应"(backfire/boomerang effect)[2] 等副作用。只有将鲜活的社会实践与现实的理论关切结合起来,才能进一步开拓谣言治理研究的一方沃土。

五、结语

本文通过对中外谣言研究学术史的考察,勾勒出一幅谣言研究的"知识地图",主要的理论意义来自三个方面。一是澄清长期以来被人们频繁误用而又习焉不察的"谣言""流言""都市传说"等相近概念,以便后来研究者能够使用统一规范的术语与西方进行交流和对话。概念的厘清是学术研究的起点,也影响了某一领域未来的发展方向。然而在新闻传播学界,常常出现概念混淆不清的情况。早年关于"媒介""媒体""传媒"的讨论和对"媒介环境学""媒介生态学"的误读就是典型例子[3]。不过值得庆幸的是,近年来学界已经认识到这一问题,全国科学技术名词审定委员会各学科分会的先后成立就为推动专业名词的规范化使用做出了重要贡献[4]。二是通过对谣言研究领域知识生产情况的考察,进一步思考中西方社会科学研究的区别。本文认为,国内大量"个案分析+思辨总结"式的研究对现实的指导意义有限。因为运用科学理论指导和规范研究方法的论述往往胜过昙花一现的灵感和想象。正如李金铨教授切中肯綮的总结道,"研究方法固然不是一切,却不能因此贬抑研究方法,因为"灵感是不可持续的,有时候灵光一现会写下一句好想法,但因为缺乏逻辑、纪律和证据,下一句往往就是自相矛盾了"[5]。三是在学科之间相互融合渗透

---

[1] Nyhan, B., Reifler, J. "When Corrections Fail: The Persistence of Political Misperceptions", *Political Behavior*, vol.32, no.2, 2010, pp.303-330.

[2] Hart, P. S., Nisbet, E. C. "Boomerang Effects in Science Communication: How Motivated Reasoning and Identity Cues Amplify Opinion Polarization about Climate Mitigation Policies", *Communication Research*, vol.39, no.6, 2012, pp.701-723.

[3] 陈力丹、毛湛文:《媒介环境学在中国接受的过程和社会语境》,《现代传播》(中国传媒大学学报),2013年第10期。

[4] 唐绪军:《为学科大厦脱坯烧砖》,《新闻与传播研究》,2014年第7期。

[5] 李金铨、刘兢:《海外中国传媒研究的知识地图》,《开放时代》,2012年第3期。

的背景下，以谣言研究中的跨学科路径为例，进一步展望了包括新闻传播学在内的社会科学研究的多元范式和自然科学与社会科学结合的融合路径。实际上，面对当前新闻传播学发展中遇到的危机，已有学者提出引入多元范式的必要性。有研究者将研究范式比作理论研究的"铆钉"和"卡槽"，认为理论范式的缺乏会导致研究逻辑的缺乏，进而在研究中容易被概念和感觉带向岔道[1]。因此，"如果能从跨学科人才培养和跨学科合作两方面齐头并进，尝试将更多学科资源引进新闻研究，有望使这个领域走出学理匮乏、低水平重复的困境"[2]。正如陈力丹所言，传播学的诞生本来就是社会科学不同学科相互交融的结果，因此面对互联网对传播生态的冲击与变革，我们一方面应该更多运用社会学、心理学和其他相关学科的理论来解释各种传播新现象，另一方面也应该引入更多规范的研究方法，才能处理互联网时代的各种数据[3]。

---

[1] 张涛甫：《新闻传播理论的结构性贫困》，《新闻记者》，2014年第9期。
[2] 刘海龙：《中国新闻理论研究的范式危机》，《南京社会科学》，2013年第10期。
[3] 陈力丹、宋晓雯、邵楠：《传播学面临的危机与出路》，《新闻记者》，2016年第8期。

四、学人访谈

邱沛篁教授访谈

熊浩江：四川省新闻教育的发展是以四川大学新闻专业的建立为起点的，您作为最早的一批新闻教育工作者和发起人，请问是如何看待筹建新闻专业时四川报业环境的？在当时的背景下作为新闻教育者，遇到了怎样的挑战？

邱老师：在当时，我们是白手起家，四川的报社非常少，那个时候还没有什么都市报，只有《四川日报》《成都日报》等少数几家报纸。特别是改革开放之初，急需人才。我们当时筹建新闻专业，就是为了发展四川乃至西南地区的新闻事业，为国家培养新闻人才。因为改革开放后，我们估计了整个四川乃至西南部、西部，需要大量的新闻人才，我们的报业需要大量的发展，我们就是根据当时的报业及整个新闻事业环境，才来办这个新闻专业的，当时整个西部都没有筹建新闻专业。在20世纪90年代，《华西都市报》和《成都商报》的出现，意味着新闻行业的飞速发展，这样的发展是建立在全国新闻事业发展的基础上的。

熊浩江：1980年5月23日，学校宣布成立新闻专业筹备组，作为成员之一，您是四川省新闻教育事业发展的见证者，请问您对此有何感受呢？

邱老师：第一，我感到非常的高兴，我们川大终于可以办新闻专业了。第二，我感到责任非常的重大，决心要努力把它搞好。

熊浩江：你们当时提出来的"请进来，走出去"的办学模式，一步步发展壮大并获得了全国新闻教育工作者的认可，您能谈谈它给四川新闻教育发展带来了怎样的意义吗？您认为这种模式能适用于今后的教育方式吗？

邱老师："请进来，走出去"的办学模式，对于川大新闻教育的意义重大，它开创了一个新闻教育的新模式，让新闻的理论教学和新闻实践工作紧密结合起来，让学生和老师走向社会、走向新闻界，让整个新闻界更多地关注新闻教育、支持新闻教育。"请进来，走出去"的办学模式获得了国家级优秀教学成果一等奖、二等奖。在新媒体、融媒体出现后，这样的教育模式仍然适用于今后的教育实践，并且当前还更要强调"请进来，走出去"，因为新媒体的快速发展，所以新闻教育更不能闭关自守，更不能只关在学校里面办，而要经常了解全媒体、自媒体在各个地方发展的趋势，比如说传媒的改革，各个媒体的融合，这都是新的需要。所以不管新闻行业怎么发展，怎么变化，"请进来，走出去"这样的教育模式都是不会改变的，新闻教育需要这样的理念，它把学校、新闻单位、社会紧密地结合起来，敞开大门，一起办好新闻教育，这样的新闻教育模式非常具有生命力，还会不断发展的。

朱至刚：邱老师，非常感谢您接受我们的访谈。在中国新闻传播学科从少数的专业点到全面铺开的发展过程中，你们这个世代是公认的"创业一代"。如果没有你们这代人的努力，中国的新闻传播学不可能真正成为一个有规模的学科。目前新闻传播学科受国家重视的程度，处于历史上最好的时期。在习近平总书记提出的要重点建设对全局有支持作用的哲学社会科学"三大体系"的重点学科中，就包括新闻学。请问您认为当前中国新闻传播学科，应当如何更好地响应党和国家的号召，为新时代的中国特色社会主义做好自身建设和社会服务？

邱老师：至刚，关于第一个问题，我们深切地感受到党中央一直很重视新闻学科的发展，我在1983年、1984年曾两次到北京参加中宣部和教育部举办的新闻教育工作座谈会，在中南海受到了中央领导同志的接见。习近平总书记特别重视、特别强调新闻舆论工作。党的十八大以来，以习近平同志为核心的党中央对新闻学科的关心、对新闻界的重视，对我们是很大的推动和鼓舞。我认为，我们首先要认真学习和领会党中央以及习近平总书记对新闻工作的系列指示，只有把它学透了，我们才能够进一步贯彻这些指示，做得更好。第一，在新闻学科的建设中要进一步坚持正确方向。我们的学科建设和新闻教育都是要为中国特色社会主义建设事业服务的，学科建设和教育工作要紧紧围绕中央精神来执行。第二，我觉得学科建设和新闻教育特别要强调加强对马克思主义新闻观的学习、宣传和研究，把马克思主义新闻观的各种思想、各种论述落实到我们的学科建设、理论实践和教育的各个领域当中。第三，要坚持理论和实践相结合，一定要把新闻学科的建设与实际的新闻工作结合起来，通过进一步了解新闻的实践工作，来推进对基本理论和基本观点的学习与贯彻。第四，学科建设和教育工作要与时俱进，既要发挥传统优势，又要弄清当前传媒需要什么，在社会的新闻实践中需要什么，例如结合媒体融合、全媒体建设等实际情况来进行研究。第五，大力加强研究队伍的建设，要造就老中青结合的、适应新时代需要的、新型的新闻传播学科的工作队伍、研究队伍。关于搞好社会服务，我有这样三点看法：第一点是我们的教学队伍、研究队伍要大量地投入到实践中去，参加实际工作，了解情况、参与实际。第二点，我们的师资队伍和科研队伍要实际地参与新闻媒体的各项工作，包括编辑、策划等，我们都要有实际体会。第三点，我觉得在社会服务方面，要多与新闻传媒的同志们商量、多合作，比如策划论坛、共同出书、共同开会商议，我们的学科建设就是为新闻事业发展服务的。除了学历教育，还要搞好继续教育，参加一些当前新闻媒体的培训，为他们及时地解答一些问题，和他们及时商讨、共同研究一些问题。归根到底，我们学科是为新闻事业的发展服务的。正如1983年胡乔木同志所指出的，希望高校多培养出范长江式的记者。

朱至刚：在20世纪80年代，我们学科有过"第三世界"的说法，是指80年代初获批建立的14个新闻学科，包括华中科技大学自己设立的一个新闻学科。当时大家都是从本科教育办起，包括我们川大在内。当年的"第三世界"如今几乎都具有了从本科教学到博士点，以及博士后流动站的完整体系。在您看来，在接下来的10年、20年，乃至又一个40年，国内新闻传播院系的格局和结构，还可能发生怎样的变化？

邱老师：当时讲的"第三世界"，是一种生动的比喻。"第三世界"就是指新办的专业，当时的兰州大学、四川大学、武汉大学都是新办的新闻专业，我们是1981年，武大、兰大是1983年被教育部批准的。当时我们十多二十个院校的新闻专业同仁很团结，经常一起开会，每年都有，而且"第一世界"的人大、复旦对我们很关心、很支持，给了我们很大的帮助。正因为这样，新闻教育才出现了互相支持、互相帮助、共同繁荣的局面。当时的教育部也很重视，高教司文科处经常直接召集我们开会，对新闻学的发展建设起了很大的作用。1983年，中央提出的是每个省至少建一个新闻专业，到现在早就超额完成了。目前总的发展格局是多样化、多元化发展：一是类别增多，办学的院校类型多。综合性大学、师范大学、工科大学、农业大学、本科与专科院校都有新闻专业，20世纪80年代主要是综合大学办新闻系，但现在是师范、文理科、综合大学、民族大学都办新闻专业。二是地区很多，当时主要在东部，后来东部发展到西部，现在东南西北中都有。三是层次很多，20世纪80年代新闻专业主要是本科生，也有专科生，后来才有硕士生、博士生、博士后。从本科教育发展到多层次。四是服务对象增多，包括报业、广播、电视、传媒业，甚至传播的各个方面。20世纪80年代主要针对传统媒体，现在则出现在各个部门，不仅是各个媒体，也有很多企事业单位、各行各业的宣传部门、媒体部门、传播部门，它的服务面扩大了。我对于今后发展总的看法是提高质量、控制数量，进一步把我们高校的新闻教育、新闻院系办得更好。有一流学科的、水平高的学校，继续不断带领、帮扶其他的高校，大家一起发展，在多样化的形势下，提高质量，保证新闻人才的德智体美劳全面发展，成为我们新闻单位喜欢用、用得上的优秀新闻骨干。

熊浩江：从四川省新闻教育发展的开端到现在已经走过四十个年头，您认为四川省新闻教育发展的特点是什么？这样的特点在全国看来有着怎样的优势呢？我们应当如何利用这种优势和特点？

邱老师：四川省的新闻传播教育从川大开始以后，发展得很快，现在已经有几十所大学有新闻传播及相关专业了，在电子科大、西南交大、西南财大、西南民大等高校都发展得很好，还有川师大、成都理工大学、四川传媒学院等。地市州如内江、乐山、南充、遂宁等地高校的新闻教育都发展很快。四川省的新闻教育发展一共有五个特点：第一个特点，四川省高校新闻教育团结互助，各个大学之间互相支持、互相上课，经常会有学术交流。第二个特点，教师队伍老中青结合，比如四川传媒学院，以前是理工大学的传媒学院，现在是独立出来的大学。电视厅、电视台等新闻单位的很多老同志退下来，成了里面的教学骨干，带领很多青年教师和中年教师，一步一步发展壮大。第三个特点，四川省的高校新闻院系与省委宣传部、市委宣传部及各个新闻单位的关系很好，互相帮助、互相结合、互相支持。第四个特点，四川省的新闻教育理论和实际结合得好。第五个特点，四川省的新闻教育，比较重视加强基础课的建设，重视综合教育。比如四川大学文学与新闻学院，很重视文学基础课，非常重视历史、经济、哲学、外语、政治、马列主义等方面的教育。而四川省的各个高校，都很重视基础学科和综合学科的加强，不只把眼光放在新闻学课程上，它还要结合很多文史哲课程进来。

熊浩江：2002年12月12日，四川省新闻教育学会正式成立，请问成立的初衷是什么呢？从成立至今，学会是如何推动新闻教育事业发展的？它对于全省新闻教育发展意味着什么呢？

邱老师：我们的初衷，就是为了增强四川省各个大学新闻院系的联系和交流，因为最开始只有川大办新闻系，后来随着各个高校逐步建立自己的新闻系，到后面有几十个新闻系，那么我们四川省老一批的新闻教育工作者认为有必要建立一个四川省新闻教育学会。于是我们在中共四川省委宣传部的支持下，在四川省记协下面，成立了四川省新闻教育学会，这个学会是四川省新闻工作者协会下面的一个分会。建立四川省新闻教育学会的初衷就是加强高校新闻系的联系和交流，共同发展四川省的新闻教育，走向全国，走向世界。

熊浩江：您认为在媒介融合的时代背景下，四川省新闻教育的发展未来会面临怎样的趋势？将面临怎样的挑战呢？

邱老师：现在看四川省新闻教育发展趋势，就是发展很快。所以我们四川省的新闻教育工作者应该团结起来，进一步加强发展，坚持"请进来，走出去"的办学模式，加强理论和实际的结合，加强省内外的新闻联系。四川省新闻教育应当走向世界，我们在这方面比较薄弱，我们要向中国人民大学、武汉大学、清华大学、复旦大学学习，他们在这方面搞得好，跟国际新闻传播教育接轨。我们面临的挑战，就是人才的挑战，随着其他大学陆续开办新闻系，我们要继续前进，不进则退。四川省新闻教育要不断学习前人、别人的经验，发扬我们的优势，弥补我们的不足。现在我们最大的不足就是新闻教育师资力量上的不足，要进一步增强对优秀教师的培养，让中青年教师走向全国，走向世界，不断地成为学科领军人物。

朱至刚：邱老师，我记得您是重庆人，从求学到任教，来到四川大学已经60多年，您认为，成渝地区双城经济圈建设成为国家层面的重点发展战略，会为四川大学的新闻传播学科带来怎样的机遇与挑战呢？提出怎样的要求呢？

邱老师：我出生在重庆，16岁考上川大来成都。5年前，川大校史馆请我在"校史大讲堂"做过讲座，名字就是《一个甲子的川大情缘》。从历史渊源来看，川渝经济圈的发展对我们川大新闻学科的建设是一个很好的发展机遇。因为成渝的历史经济文化渊源很深，成渝一家亲。我们川大新闻学科和重庆关系很密切。1981年开始招生的时候，重庆市尚未直辖，每年办的新闻干部培训班都有很多重庆报社的同志参加，包括《重庆日报》《重庆晚报》《重庆商报》、重庆广播电台、重庆电视台等单位的一些年轻新闻人都来我们这里学习、培训。重庆市直辖以后，各个方面发展很快，我们也与重庆市保持了非常密切的联系，特别是我们的学生毕业后有不少到重庆任教，担任了重庆高校新闻院系的负责人，比如董天策、严功军、蔡敏、殷俊、颜春龙，都是我们这里毕业的博士。我们与重庆高校新闻院系的关系都非常好。四川省新闻教育学会成立后，就很重视和重庆的联系，四川省新闻教育学会专门召开了川渝新闻教育发展研讨年会，邀请了很多重庆高校的老师来参加，我们还合作编辑出版了《川渝新闻教育三十五年》。

成渝双城经济圈建设成为国家战略，为我们带来了很好的机遇。一是成渝的经济腾飞，必然带来人才需求，需要大量的新闻传播人才来参与经济建设，为我们提供了更好的生源和更高的招生要求以及更好的去向。二是成渝双城经济圈的发展为我们学科的管理提供了更多话题和课题，需要我们去研究，比如我们可以研究川渝地区融媒体的发展，地市报、地市台、地方融媒体的建设。

为了适应这种发展就需要我们更多地进行一些往来活动，中心是加强川渝的合作。一是成渝高校的新闻院系要多往来，往来要制度化。二是川渝新闻院系要签订实质性的合作协议，比如一对一的互帮互助。三是川渝高校要共同搞一些课题，比如川渝高校共同研究抗战报业史，中国共产党在川渝地区早期的新闻活动。共同搞课题、共同开研讨会、共同编书、共同培养人才。总之，川渝两地的新闻教育合作视野还可以更加开阔，人才、师资、课题、课程共享，把川渝的新闻教育进一步团结起来，进一步共同发展。做到亲兄弟、一家人，团结协作、共同发展。

朱至刚：四川既是西部第一大省，内部结构又非常多元化。在西部省份中，四川人口和经济总量排第一，又同时具备成都等"新一线"城市和诸多发达程度有待提升的地区，还有三个少数民族自治州。在很大程度上说，正是因为内部多元化和发展不均衡，可以将四川看作是全国的缩影。您认为，立足于这样一个在全国范围内非常具有代表性的大省，四川大学新闻传播学科可以在哪些方面，做出既扎根本省，又对国家治理能力提升和国家治理体系现代化建设具有全局意义的尝试和探索？

邱老师：既要扎根本省，又要放眼全国，走向世界，对此我们深有体会。20世纪90年代，我们集全院师资力量并联合新闻传媒等单位共同编辑出版了《新闻传播百科全书》，几百万字，老师全部参加。各自分工负责新闻编辑、新闻理论、新闻伦理、广播电视、报刊、人物等各个领域。后来，方汉奇教授来川大参加了该书的首发式，发表了讲话，并为百科全书写了序言。这既锻炼了教师队伍，又为全国的新闻教育做出了贡献。

那么，怎样进一步立足四川，走向全国？第一，我认为应当继续加强深化对范长江和其他名记者的研究。例如郑州大学的穆青研究就做得很好，在董广安院长的主持并在学校的支持下，穆青研究不断取得新成果。同样，我们也可以把范长江研究做深做透，连续不断地做。前年全国范长江研究会在川大召开就得到了学界的高度重视，人大、复旦、武大等知名高校都给了很大的支持和鼓励。我觉得范长江的研究还需要深入做下去。除了范长江，还有其他的四川名记者，都可以搞研究。而且四川的很多名作家大多是先搞报纸刊物，后成为知名作家的。郭沫若、巴金、李劼人、艾芜等都是这样。我做过关于郭沫若与报刊的研究，当时在川大的图书馆查了几个月的资料，几乎每天都去。做这些研究要甘于坐冷板凳，在冷板凳上坐几个月、查几个月就会有所收获。现在范长江研究有很多东西还没有做，如果我们和范家后人合作，还可以做很多东西，其他的更是富矿。第二，可以继续深入开展四川报刊发展史的研究，尤其是研究四川少数民族地区（甘孜、阿坝、凉山）的报纸、新闻事业是怎么发展起来的。还可以考虑和各市州高校合作，到没有对口院系的市州，就直接联系宣传部。第三，加强对四川新闻教育历史、现状和未来前景的研究。因为四川新闻教育的发展在整个西部乃至全国都很有代表性。自1979年教育部批准，1981年开始招生到现在，四川新闻教育发展的研究也是一个很好的课题。第四，四川媒体融合发展的新情况和新问题的研究。现在有些地区，特别是区县级媒体的融合搞得很好，比如说双流区搞成了全区的服务中心，它的媒体中心既是一个宣传报道中心，也是全区人民的媒体服务中心，为全区人民提供怎么上医院、怎么挂号、怎么乘车等服务。我们可以做四川各个县、市媒体融合发展的新情况、新问题、新经验的调研报告。第五，四川省高校校报发展史研究，全省高校校报的发展历史、现状、未来都值得研究。比如说川大校报历史悠久，川大的校报以前叫《人民川大》，我毕业留校就在《人民川大》当编辑，当时学校宣传部谭洛非部长很重视，每期都印100份道林纸的版本和精装本，除了送到图书馆，还拿到校内一些地方墙上去粘贴。

朱至刚：从整个四川、到成都、再到四川大学都具有深厚的革命传统。川大在革命战争期间是成都地下党工作的重要阵地，所以江姐才会来这里就读。那么我们川大的新闻传播学科，可以在哪些方面发扬红色基因，为"第二个一百年"建设做出独特的贡献？

邱老师：我认为可以做以下几方面的工作：第一，比如仪陇、广安、巴中、达州这些四川老革命根据地区报刊发展情况的研究。这方面可以赶在不少老同志健在，从口述史做起，先收集和整理有价值的材料。第二，从建党一百年的角度，研究四川和成都的党报发展史。这就要访谈四川新闻史上的老报人、老总编、老党员，不断收集一些珍贵的党报发展史资料。

朱至刚：四川大学到今年建校125年，您经历了其中很长的时间。一百多年来，文科不但是我们四川大学非常出色的学科优势，而且一直有着"虽然在四川、在西部，但是我们的眼光绝对不是被这个地方所约束"的优良传统。从一开始就是放眼全国乃至于世界的学问。我来川大两年多，亲身感受到四川大学的文科，尤其是人文学科是没有什么太明显的间隙的，大家融合得非常好。那么您认为在过去的40年内，我们川大的新闻传播学科的成长从中得到哪些好处和益处？我们还可以从中获取怎样的好处呢？怎样的收益呢？

邱老师：川大新闻专业从创办开始，就非常重视学科融合的传统。在中文系建制下，我们1981年开始招收新闻专业本科生，我们的新闻系学生除了上新闻专业的课，还受到汉语言文学学科的名师指教。川大中文系历史悠久、根基深厚，让我们新闻学专业的学生受益匪浅。实际上，受益更大的还是教师。我就是川大中文系毕业的，我们读书的时候教师资源实在太好了，庞石帚、林如稷、杨明照这样的名家都给我们上过课。我从宣传部校报调回中文系的时候，老系主任唐正序教授跟我说了一句话，他说你从宣传部调过来，第一步任务就是讲好课，你把课讲好了，就立住脚了。唐老师以他深厚的理论功底给了我很多帮助和支持。新闻专业建立初期，不少当时还很年轻的教师，也是来自中文系。比如吴信训和李杰教授，本科都是学中文的。除了中文学科，我们还获得了川大其他老学科极大的支撑。当时除了文学类课程，系里还开设了哲学课、历史课、法学与经济学课。我经常告诉同学们，有空多听听别的专业的课，例如政治学讲座、经济学讲座。至刚，你们这代以后要注意扩大和深化这种融合，要继续坚持川大的校训"海纳百川、有容乃大"，这是我们的优良传统。

怎么来加强这种融合呢？我认为有几点需要注意。首先从思想上要真正做到"海纳百川、有容乃大"。从思想上提倡互相尊重，进一步克服和抛弃文人相轻的错误观念，要努力做到文人互助、文人互帮、文人共进、文人共融，搞好我们的文科建设。这样才能真正达到文理互鉴、互相尊重。所有学科和方向，例如新闻学科和人文学科，史论研究和业务研究都是手足关系，缺一不可。实际上，尊重别人就是尊重自己，深爱别人就是深爱自己。各个学科有各个学科不同的特点，不同的内涵，不同的外延，正因为如此，才必须团结互助。四十年来我们走的是团结协作、团结制胜的路。从措施上说，要跟各个学科融合，给各个学科宝贵的空间。要大力表彰在团结协作上做出贡献、做出教育科研成果的人，大力支持努力探索各个学科融合的人。比如说新闻学和医科融合搞传播医学，新闻学跟生物学融合搞生物新闻学，等等。开会交流就是很好用的办法，既要召开新闻学科的教师会议，又要召开新闻学科相关学科的教师的会议。我们既要请医科的人来探讨医学新闻如何写，又要请工科的人来探讨工业新闻、科技新闻如何写。要让文学和新闻学科比翼齐飞、共创辉煌。

朱至刚：我们四川大学应该是新闻传播学科和中文学科都搞得好，而且大家之间关系处得非常好的典型。您刚才讲的当家人、领头人不局限于自己的学科，能够尊重大家、也得到大家的尊重，这个因素太重要了。

邱老师：在团结协作中发展新闻传播学科，是我们川大四十年来的一个特点。我们要继续发扬这种好传统。前不久学院双代会上讨论学科发展时，我提了几点建议：第一，要加速加快杰出、优秀人才引进。因为我们是新学科，所以希望向学校争取到比较优惠的政策。第二，要加速现有人才的培养，既要引进人才，又要把现有的人才充分利用起来，让他们加速成长，给他们足够的支持。第三，继续坚持"请进来，走出去"的办学模式，坚持理论与实践结合。主持召开多种学术会议，主动承办各种会议，大力加强与中国新闻史学会、各兄弟新闻院系的联系。请他们到川大来传经授道，继续发扬我们一贯的兄弟院校的亲密关系。第四，要办好正在筹备的这个学术集刊，让广大教师多一个发表文章以及与同行沟通的渠道。我们在新闻专业创办初期，主动和《四川大学学报》联系，在郑松元常务副主编大力支持下，以丛刊的形式出了6期"新闻学论丛"。每个老师都写论文来发表，明显地提高了教师的科研积极性和科研水平。

朱至刚：邱老师，今天辛苦您了，整整两个小时了。

邱老师：没有，至刚，今天这次交谈让我很高兴。我觉得这不只是一个学术杂志的采访，实际上我们在讨论学科的发展。我就是希望老中青教师团结起来，进一步努力搞好川大新闻学科，总的目的就是要提升学科水平，发展新闻教育，培养出更多的优秀新闻人才！

执笔人：朱至刚
整理：朱至刚

图1　邱沛篁教授

图2　邱沛篁教授接受朱至刚老师的访问